현 우 경
賢 愚 經

인연과보의 깨달음

제안 용하스님 편역

비움과 채움

들어가면서

5세기 무렵 중국 남조의 송나라에서 혜각을 비롯한 여덟 분의 스님들이 우전국으로 구법순례를 떠났습니다. 우전국은 당시 대승불교가 가장 흥성한 중앙아시아의 국가로 화엄경과 열반경이 성립한 곳으로도 유명합니다. 여덟 스님들은 우전국에서 여러 법사들로부터 갖가지 귀한 설법을 듣고 배웠는데, 그 가운데 각자가 들은 바를 모아서 엮은 것이 바로 《현우경》입니다.

이런 이유로 《현우경》에는 다양한 이야기들이 어우러져 있습니다. 부처님의 전생이야기도 들어 있고, 신분의 고하를 막론한 다양한 계층의 사람들의 이야기가 뒤섞여 있고, 심지어 짐승이 주인공이 되어 이야기가 펼쳐지기도 합니다.

각각의 이야기들은 한편으로 마치 재미있는 동화를 읽어내려 가는 것처럼 흥미진진한 극적 요소들로 가득 차 있습니다. 때문에 이 이야기들은 훗날의 각종 문학의 모태가 되기도 하지만, 한편으로 그 속에서 저마다 부처님이 말씀하신 귀중한 인생의 교훈들을 담고 있기도 합니다.

이렇듯 다양하게 펼쳐지는 《현우경》 속의 이야기들을 관통하는 뜻을 한마디로 말하자면 인과(因果),

즉 모든 것은 원인에 따라 그 결과가 형성된다는 가르침입니다. 각각의 이야기들 속에서 인과의 법칙은 선업과 악업을 가리지 않고 '무차별적으로' 적용되며, 이 법칙의 절대성은 어찌 보면 무자비하다는 생각이 들 정도로 철저합니다. 때문에 우리는 앞으로 현우경의 이야기 속에서 지극히 불행하면서도 일순간에 부처님의 자비광명을 얻게 되거나, 반대로 모든 것을 갖추었으면서도 끝내 악업을 쌓지 않을 수밖에 없었던 가슴 아픈 사연을 접하게 됩니다.

현우경에서 소개하는 이야기들을 통하여,

1. 평소 우리가 무심코 저질렀던 행위가 (그것이 선이든 혹은 악이든) 때로는 얼마나 중대한 결과를 불러일으키게 되는지를 절실히 확인하게 될 것이며,

2. 이를 통해 현재의 인간으로서의 삶이 얼마나 행복한 것인지를 느끼게 될 것이며,

3. 우리가 살아가면서 좀처럼 벗어나기 힘든 악습이나, 고통의 뿌리가 사실 오랜 악연으로부터 비롯됨을 자각하게 될 것이며,

4. 나아가 지금 여기 이 순간의 자그마한 행위 자체가 얼마나 소중한 것인지를 깨닫게 될 것입니다.

그리고 그 작은 깨달음이야말로 부처님의 위없는 지혜광명과 하나가 되는 최상의 방편임을 믿어 의심치 않습니다.

정유년 제안 용하 합장

목 차

<현우경>은
물음과 대답으로 이루어졌나니,
이 경(經)은 그대들에게 복을 주리니
이 오묘한 물음에 귀를 기울이라.

일러두기

본서는 동해불교대학의 강의를 위해 교재용으로 제작된 책입니다. 본서는 신수대장경에 실린 판본과 관일 스님의 한역본을 기본으로 하였으며, 강의의 목적과 일정에 맞추어 편집 과정을 거친 것입니다.

수미산(須彌山, Mount Kailash, 6,714m)

귀 경 게(歸敬偈)

그 행위(行爲)가 모든 세간(世間)에
이익을 주는 위대한 성자(聖者),
부사의(不思議)한 힘을 지닌
최상의 도사(導師)에게 귀의(歸依)합니다.

그 행(行)이 구족(具足)하면서도
출가하여 무상의 깨달음을
얻은 성자가 공경하는
최상의 법(法)에 귀의합니다.

계율행(戒律行)의 공덕을 갖추고
네 가지 과위에 이르며
무상의 복전(福田)이 되는
성스러운 승가(僧伽)에 귀의 합니다.

이 세 가지 보배에
귀의함으로 복이 생기고
그 위력에 의하여
모든 장애(障礙)는 끊어졌습니다.

세상에서 좀처럼 만나기 어려운 여섯 가지 인연

1. 부처님께서 세상에 나오심을 만나기가 어렵고,
2. 바른 진리, 법 듣기 어렵고,
3. 두려워하는 마음을 내기 어렵고,
4. 바른 나라에 태어나기 어렵고,
5. 사람의 몸을 얻기 어렵고,
6. 모든 감각기관을 구족하기 어려운 것이다.

대반열반경   가섭보살품 中
중생은 무엇으로 보시하는가?
이는 다섯 가지 사항으로 나타나느니,

1. 물질적인 보시: 재물, 곡식, 의복 등
2. 힘의 보시: 물리적인 도움. 물건을 들어주고, 옮겨주는 등.
3. 편안함을 보시: 집이나 의자 등의 휴식공간을 제공함. 마차, 자동차 등을 태워줌.
4. 수명의 보시: 먹는 음식, 약초, 치료 등.
5. 변재의 보시: 남에게 말로써 도움을 줌. 위로, 변론 등.

중생의 수명을 단축시키는 아홉 가지 악습

1. 먹어서 편안하지 않은 것을 알면서도 그것을 먹는 것이요,
2. 너무 많이 먹는 것이요,
3. 전날에 지어먹는 음식이 소화되기 전에 또 다시 먹는 것이요,
4. 대변, 소변의 시기를 따르지 않는 것이오,
5. 병이 났을 때에 의원의 지시를 따르지 않는 것이요,
6. 간병하는 사람의 지시를 따르지 않는 것이요,
7. 억지로 참고 토하지 않는 것이요,
8. 밤에 행동하는 것이니, 밤에 행동하기 때문에 악귀가 침범함이요,
9. 집안의 방이 정도를 지나친 것이요.

우리말 반야심경
마하반야바라밀다심경

관자재보살이 깊은 반야바라밀다를 행할 때,
오온이 공한 것을 비추어 보고
온갖 고통에서 건너느니라.

사리자여!
색이 공과 다르지 않고 공이 색과 다르지 않으며
색이 곧 공이요 공이 곧 색이니,
수, 상, 행, 식도 그러하니라.

사리자여!
모든 법은 공하여 나지도 멸하지도 않으며,
더럽지도 깨끗하지도 않으며,
늘지도 줄기도 않느니라.
그러므로 공 가운데는 색이 없고
수, 상, 행, 식도 없으며
안, 이, 비, 설 신, 의도 없고,
색, 성, 향, 미, 촉, 법도 없으며,
눈의 경계도 의식의 경계까지도 없고,
무명도, 무명이 다함까지도 없으며,
늙고 죽음도 늙고 죽음이 다함까지도 없고,
고집멸도도 없으며, 지혜를 얻음도 없느니라.

얻을 것이 없는 까닭에
보살은 반야바라밀다를 의지하므로
마음에 걸림이 없고
걸림이 없으므로 두려움이 없어서,
뒤바뀐 헛된 생각을 멀리 떠나
완전한 열반에 들어가며,
삼세의 모든 부처님도 반야바라밀다를 의지하므로
최상의 깨달음을 얻느니라.

반야바라밀다는 가장 신비하고 밝은 주문이며
위없는 주문이며
무엇과도 견줄 수 없는 주문이니,
온갖 괴로움을 없애고
진실하여 허망하지 않음을 알지니라.

이제 반야바라밀다주를 말하리라.
아제아제 바라아제 바라승아제 모지 사바하 (3번)

1. 설법을 청하다

저는 이와 같이 들었습니다.

부처님께서 마가다국의 선승도량(善勝道場: 지금 인도 보디가야 마하보디탑 옆에 있는 금강보좌)에서 성도(成道)하신 후 생각하셨습니다.

'중생들은 미욱하여 그물에 걸리고 삿된 소견에 빠져 교화하기 어렵구나, 내가 이 세상에 오래 살더라도 아무 이익이 없을 것이다. 차라리 남김이 없는 열반에 드는 것만 못하겠구나.'

그때 범천왕이 부처님의 생각을 알고 곧 하늘에서 내려와 부처님께 나아가 땅에 엎드려 예배하고 끓어 앉아 합장하고 간청하였습니다.

"세존이시여, 법을 펴시고 열반에 들지 마시옵소서."

부처님께서 대답하셨습니다.

"범천왕이여, 중생들은 번뇌에 덮여 세상의 쾌락만 즐기니 지혜가 없소. 비록 내가 세상에 머물러 가르치더라도 그 공이 헛될 것이오. 내 생각 같아서는 오직 열반만이 즐거울 것 같소."

범천왕은 다시 땅에 엎드려 사뢰었습니다.

"세존이시여, 지금 법(法) 바다는 가득 찼고 법(法)의 깃대가 솟아올랐습니다. 중생을 인도하여 건지실 때는 바로 지금입니다. 또 중생들 가운데 제도할 만한 이도 적지 않은데, 어찌하여 세존께서는 열반(涅槃)에 드셔서 저 중생(衆生)들로 하여금 영원히 그 보호함을 잃게 하려 하시옵니까?

세존께서는 과거 무수한 겁에 항상 중생을 위하여 법약(法藥)을 캐어 모으실 적에, 한 구절의 시(詩)를 듣기 위하여 몸과 처자를 보시하지 않으셨습니까? 그리하온대 어찌하여 그것을 생각하시지 않으시고 버리려 하시옵니까?"

2. 몸을 보시하다

저는 이와 같이 들었습니다.

어느 때 부처님께서 슈라바스티국의 제타 숲 외로운 이 돕는 절(給孤獨園)에 계셨습니다.

세존께서는 걸식할 때가 되어 가사를 입고 발우를 가지시고 아난다만 데리고 성(城)에 들어가 걸식하셨습니다.

이때 성에는 어떤 노모가 두 아들을 두었는데, 성에 들어가 남의 재물을 함부로 훔치자, 재물 주인이 그들을 붙들어 왕에게 나아가 재판에 부쳤습니다. 왕은 그들에게 죄값으로 사형(死刑)을 명하였고, 곧 형장으로 끌고 가 사형을 집행하도록 했습니다.

그 모자 세 사람은 멀리서 부처님을 뵈옵고, 이마로써 땅을 치며 애걸하였습니다.

"원컨대 세존께서는 제 아들의 목숨을 이 위기에서 구제하여 주소서."

이렇게 애통하게 비는 모습은 차마 볼 수 없었습니다. 세존께서는 이를 가엾이 여겨 곧 아난다를 왕에게 보내 그들을 살려주기를 간청하였습니다. 왕은 부처님 분부를 받고 그들을 곧 놓아 주었습니다. 그들은 화를 벗어나자 부처님의 은혜에 감격하여 한량 없이 기뻐하며, 곧 부처님께 나아가 땅에 엎드려 예배한 뒤 합장하고 사뢰었습니다.

"부처님의 자비와 은혜를 입사와 구제되어 목숨이 남았습니다. 원컨대 세존께서는 저희들을 사랑하고 가엾이 여겨 제자가 되도록 허락해주시옵소서."
"어서 오노라! 비구들아,"

그러자 그들의 수염과 머리는 저절로 떨어지고 입은 옷은 가사로 변하였습니다.
그들은 공경하는 마음이 솟아나고 믿음은 더욱 굳어졌습니다. 부처님은 그들을 위해 설법하셨고, 그들은 온갖 번뇌가 아주 없어져 아라한(阿羅漢)의 도(道)를 얻었으며, 그리고 그 어머니도 법을 듣고 아나함(阿那含)이 되었습니다. 그때에 아난다는 눈으로 직접 이 사실을 보고 일찍이 없었던 일이라 칭송하면서, 여래의 여러 가지 덕행을 찬탄한 뒤에 여쭈었습니다.

"저 세 모자는 전생에 어떤 복을 지었기에 지금 세존을 만나 중한 벌을 면하고 열반(涅槃)의 안락을 얻었으며, 또 무슨 인연으로써 특별한 은혜를 입었습니까?"
"저 세 사람은 오늘만 내 힘을 빌려 살아난 것이

아니라 과거에도 내 은혜를 입어 죽음의 일보직전
에서 살아나게 되었느니라."
"알고 싶습니다, 세존이시여. 과거 세상에서 저 세
사람을 살리신 일은 어떠하였습니까?"

"오랜 옛날 아승기 겁 이전에 이 잠부드비파에 큰
나라 왕이 있었느니라. 이름을 마하라단나라고 하였
는데, 그는 작은 나라 오천을 다스렸으며, 세 아들
이 있었다.
첫째는 이름이 마하부나영이요,
둘째는 마하데바요,
셋째는 마하살타였다.
그 중에서도 막내아들은 어려서부터 자비를 실행하
여 일체 중생을 가엾이 여겼느니라.
어느 날 왕은 신하들과 부인과 태자를 데리고 산으
로 산책을 나갔다가 피곤해 조금 쉬고 있었다. 세
아들은 숲속에서 놀다가, 호랑이가 새끼 두 마리에
게 젖을 먹이다가 굶주림을 못 이겨 그 새끼를 도
로 잡아먹으려는 것을 보았다. 막내는 두 형에게
말하였다.
'저 호랑이는 바짝 말라 죽을 것 같습니다. 더구나
젖을 빨리고 있는데, 굶주림에 못 견뎌 그 새끼를
잡아먹을지도 모르겠습니다.'
두 형님은 대답하였다.
'그렇구나.'
아우는 다시 물었다.

'저 호랑이는 지금 무엇을 먹을 수 있습니까?'

'갓 잡은 짐승의 더운 피나 고기라면 먹을 것이다.'

길을 걸으면서 아우는 또 물었다.

'혹 어떤 사람이 그것을 마련하여 저 목숨들을 구제하여 살도록 할 수 있겠습니까?'

'그것은 매우 어려운 일이다.'

막내는 가만히 생각하였다.

'나는 오랜 옛날부터 나고 죽는 동안에 수 없이 몸을 버렸지만 그것은 헛되이 버린 것이었다. 탐욕(貪慾) 때문이었고, 혹은 성내고 어리석었기 때문이었고, 불법(佛法)을 성취하기 위해서는 더욱 아니었다. 그런데 이제 복밭(福田)을 만났으니, 이 몸을 이대로 유지한들 무엇 하겠는가!'

이렇게 결심하고 두 형님에게 말하였다.

'형님들은 먼저 가시오. 저는 볼일을 좀 보고 곧 뒤따라 가겠습니다.'

이렇게 말하고는 오던 길로 달려가 호랑이 있는 곳에 이르러 그 앞에 몸을 던졌다. 그러나 굶주린 호랑이는 입을 다물고 먹지 못하였다. 그때에 마하살타는 날카로운 나무꼬챙이로 자기 몸을 찔러 피를 냈다. 호랑이는 그 피를 핥다가 피를 어느 정도 먹은 뒤에야 입을 벌려 그 살을 먹었다. 두 형은 오래 기다렸으나 아우가 돌아오지 않자, 그 자취를 따라 찾아가면서 조금 전에 아우가 하던 말을 떠올렸다.

'큰일이다. 아마도 그 굶주린 호랑이에게 몸을 주었

을 것이다.'

언덕에 올라 내려다보니 마하살타는 이미 죽고 호랑이가 그것을 먹고 있는데 피와 살이 낭자하였다. 두 형은 그것을 보고 가슴을 치면서 땅에 쓰러져 기절했다가, 한참 뒤에 깨어났다. 이내 울고 뒹굴며 정신을 잃고 까무러쳤다가 다시 깨어나곤 하였다.

왕후(王后)는 꿈에서 세 마리 비둘기가 숲에서 놀고 있는데 매가 와서 그 중 작은 놈을 잡아먹는 것을 보았다. 왕후는 깨어나 놀랍고 두려워 왕에게 말하였다.

'옛말에 비둘기는 자식이라 합니다. 지금 작은 비둘기가 잡아먹히는 꿈을 꾸었으니 필시 우리 아이에게 무슨 불상사가 있는 듯합니다.'

왕은 곧 사람을 보내어 사방으로 수소문을 하였다. 오래지 않아 두 아들이 왔다. 부모는 그들에게 물었다.

'사랑하는 막내 마하살타는 어디에 있느냐?'

두 아들은 목이 메고 가슴이 막혀 말을 하지 못하다가 한참만에야 말하였다.

'제 발로 걸어가서 호랑이에게 잡아 먹혔습니다.'

부모는 이 말을 듣고 땅을 치고 기절하여 정신을 잃었다가 한참 만에 깨어났다. 왕은 곧 두 아들과 부인과 궁녀들을 데리고 그 시체가 있는 곳으로 달려갔다. 그러나 이미 호랑이기 그 살을 다 먹고 해골만이 어지러이 땅에 흩어져 있었다. 어머니는 그 머리를 붙잡고 슬피 울부짖으면서 까무러쳤다가 다시 깨어나기를 몇 번이나 반복하였다.

마하살타는 목숨을 마친 뒤에 도솔천에 태어났다. 그는 생각하였다.

'나는 무슨 수행을 말미암아 여기 와서 이 과보를 받는가?'

그는 천안(天眼)으로 다섯 가지 세계를 두루 살펴보다가, 전생의 자기 시체가 아직도 산 속에 있고, 그 부모가 슬퍼하고 괴로워하는 것을 보았다. 그는 부모가 어리석어 사리를 분별하지 못하고 너무 슬피 울다가 혹 거기서 목숨을 잃지 않을까 하고 걱정되어, 그들이 마음을 돌릴 수 있도록 깨우쳐 주리라 결심하였다.

그는 하늘에서 내려와 공중에 머물러 갖가지 말로 부모를 깨우쳤다. 부모는 쳐다보고 물었다.

'너는 어떤 귀신이냐? 말해보라.'

천인(天人)이 대답하였다.

'저는 바로 왕자 마하살타의 후신입니다. 저는 몸을 버려 굶주린 호랑이를 구제하였기 때문에 도솔천에 태어났습니다.

대왕이여, 명심하소서. 모든 유위법은 공(空)으로 돌아갑니다. 한번 나면 반드시 마침이 있습니다. 악(惡)을 지으면 지옥에 떨어지고, 선(善)을 실행하면 하늘에 납니다. 나고 죽음은 떳떳한 길이온데 지금 대왕님은 왜 홀로 근심 걱정과 번뇌의 바다에 빠져 있으면서, 온갖 선(善)을 부지런히 닦으려 하지 않으십니까?'

'너는 큰 자비를 행하여 그 사랑이 일체 중생에 미쳤다. 그러면서 자신을 버리고 목숨을 마치니 너를 생각하는 우리 마음은 한없이 슬프고 창자가 마디마디 끊어져, 그 고통을 견디기 어렵구나. 너는 어찌 그처럼 큰 자비를 닦을 수 있었느냐?'

하늘 사람은 다시 여러 가지 오묘하고 좋은 시로써 부모에게 대답하였다. 이에 부모는 조금 깨닫고, 칠보로 된 함을 만들고 그 안에 뼈를 넣어 매장한 뒤에 그 위에 탑을 세웠다.

하늘 사람은 곧 하늘로 올라가고, 왕과 대중들은 모두 궁전으로 돌아갔느니라."

부처님은 이어 아난다에게 말씀하셨습니다.

"그때의 왕인 마하라단나는 지금의 부왕 숫도다니요, 왕후는 지금의 어머니 마하마야요, 마하부나영은 지금의 미륵이요, 그 둘째 태자 마하데바는 지금의 바수밀다라고, 마하살타는 다름 아닌 바로 나였느니라. 그리고 그때의 그 어미 호랑이는 지금의 저 노모(老母)요, 두 마리 새끼는 지금의 저 두 아들이니라.

지난 옛날에도 그들의 위급한 목숨을 구제해 안전하게 하였다. 이제 내가 부처가 되어서 다시 재난을 구제하니, 생사의 큰 고통바다를 아주 떠나게 하였느니라."

그때에 아난다와 여러 대중들은 부처님 말씀을 듣고 기뻐하였습니다.

복을 구하고자 하는 사람은 아무런
집착이나 가진 것 없이 자기를 다스리는
완전한 사람, 모든 구속에서 벗어나
해탈에 이른, 괴로움과 욕심이 없는 사람,
이 세상에서나
저 세상에서 탐욕과
어리석음을 버리고
거짓도 교만심도 없으며,
모든 속된 것을 버리고 오로지 자기를
의지처로 하여 생과 사를 초월한
사람들에게 공양하라.
 - 숫타니파타

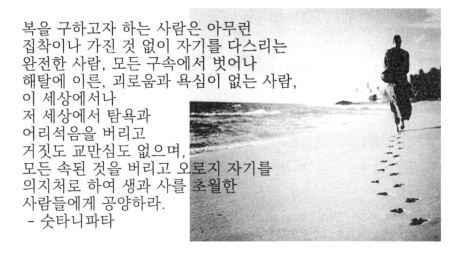

3. 허물 벗는 여자

저는 이와 같이 들었습니다.

부처님께서 슈리바스타의 기타숲 급고독원에 계시던 어느 때, 프라세니짓 왕의 큰 부인 말리가 공주를 낳았는데 이름을 (파사라: 금강이란 뜻)라 하였습니다.

그 공주는 얼굴이 추악하고 살갗은 거칠어 낙타가죽 같았으며, 머리털은 억세어 말총 같았습니다.

왕은 그 공주를 보면 조금도 기쁜 마음이 생기지 않았습니다. 그래서 생각다 못해 관리인을 두고 궁전 안에 일정한 곳에서 생활하도록 철저히 단속하여 외부 사람들이 그를 보지 못하게 하였습니다.

비록 그 얼굴은 추악하여 사람 같지 않으나, 그래도 그와 말리부인의 소생이므로 남모르게 사람을 시켜 잘 보호하도록 명령하였습니다.

공주가 차츰 자라 시집갈 나이가 되자, 왕은 매우 걱정하다가 곧 신임이 두터운 신하를 불러 남모르게 조용히 말했습니다.

"그대는 원래 좋은 집안이었으나 지금은 고아로서 혼기가 찬 젊은이 중에, 아주 가난하되 생김새가 그럴싸한 이를 찾아 데리고 오너라."
신하는 분부를 받고 수소문하여 지금은 빈궁하나 원래 좋은 집안 출신의 젊은이를 찾아내어, 그를 왕에게 데리고 갔습니다.

왕은 그를 데리고 사람이 없는 곳으로 가서 자세한 사정을 그에게 이야기 했습니다.
"나에게 공주가 하나 있는데 얼굴이 매우 추악하여 시집 보낼 곳을 찾으려 하였으나 아직 적당한 곳이 없다. 들으니 그대는 좋은 집안에 태어났으나 지금은 가난하다니 모든 것을 내가 공급하겠다. 그대는 거절하지 말고 내 공주를 아내로 삼으라."
그는 꿇어 앉아 아뢰었습니다.
"대왕님의 분부를 받들겠습니다. 설령 대왕님께서 무슨 말씀을 하셔도 거절할 수 없사온데 하물며 공주님과 결혼하는 것이겠습니까?"

왕은 곧 그 가난한 이를 부마로 삼고, 그들을 위해 궁전과 집을 짓고 문을 일곱 겹으로 만들고, 그리고 부마에게 명령하였습니다.
"혹 밖에 나갈 일이 있거든 너는 자물쇠를 가지고 문을 밖에서 잠가야 한다. 공주는 세상에 더없이 추악하니, 바깥 사람들이 그 모습을 보지 못하도록 항상 문을 잠그고 밖에서 볼 수 없는 곳에서 생활하도록 하여라."

왕은 곧 재물과 모든 필요한 것을 부마에게 대주어 모자람이 없게 하고, 또 벼슬까지 주어 대신으로 삼았습니다. 그는 여러 귀족들과 정해진 날마다 번 갈아가면서 연회를 베풀었고, 매 연회 때마다 부부 가 동반한 남녀가 섞여 서로 재미있게 놀았습니다. 그런데 다른 사람들은 모일 때마다 모두 부인을 데 리고 나오는데 부마만은 언제나 혼자이니, 사람들은 이상하게 생각하였습니다.

"저 사람의 부인은 얼굴이 단정하고 아름다운 미인 이거나 아니면 너무 추악해 데리고 오지 못하는 것 이다. 우리는 꾀를 부려 그의 부인을 한번 보도록 하자."
이렇게 의논한 뒤 어느 모임 때에 자꾸 술을 권하 여 취해서 잠들게 해놓고, 그가 가진 열쇠를 찾아 다섯 사람을 집으로 보내 문을 열어 보게 했습니 다.

그날 공주는 부마가 출타한 뒤 마음으로 괴로워하 고 스스로 그 죄업을 꾸짖으면서 한탄하였습니다.
'나는 전생에 무슨 죄를 지었기에 부마의 미움을 받아 항상 어두운 방에 갇혀 해도 달도 사람들도 보지 못하는가.'
그리고 이렇게 생각하였습니다.
'지금 부처님께서 세상에 계시면서 일체 중생을 이 익되게 하시므로 고난을 만난 이는 모두 부처님의

구원을 입는다는데…'

그렇게 생각한 그녀는 지극한 마음으로 멀리 계시는 세존께 예배하면서 빌었습니다.
"원컨대 저를 가엾이 여기셔서 잠시라도 제 앞에 나타나 가르침을 주소서."
공주의 정성과 공경하는 마음은 순수하고 돈독하였습니다.
부처님께서 그 뜻을 아시고 곧 그 집 앞에 가셔서 땅에서 솟아올라 검푸른 머리털을 나타내며 공주가 보게 하셨습니다.
공주는 고개를 들어 부처님 머리를 보고 못내 기뻐하며 공경하는 마음이 더욱 깊어졌습니다. 그러자 공주의 머리털도 저절로 가늘고 부드러워지면서 검푸른 색으로 변했습니다. 부처님께서 다시 얼굴을 나타내시니 공주가 부처님의 얼굴을 보고 기뻐하자 얼굴이 단정해지면서 추악한 모양과 거친 살결이 저절로 사라졌습니다. 부처님께서 다시 상반신을 나타내어 금빛처럼 빛나는 몸을 공주가 보게 하시니, 공주는 부처님 몸을 보고는 더욱 기뻐하였고, 기뻐하였으므로 추악한 모양은 곧 사라지고 몸이 단정해졌습니다. 마침내 공주는 천녀처럼 아름다워져 세상에서 아무도 따를 이가 없을 정도였습니다.
부처님께서는 공주를 가엾이 여기시고 다시 온몸을 나타내셨습니다. 공주는 자세히 살펴보며 눈도 깜짝이지 않고 기뻐서 어쩔 줄 몰랐습니다. 그러자 공주의 몸도 세상에서 찾아볼 수 없을 만큼 단정해졌으며, 추악한 모양은 흔적도 없이 사라졌습니다.

부처님께서 그를 위해 설법하시자, 설법을 들은 공주는 곧 온갖 허물이 없어지고 어느새 수다원의 도를 얻었고, 공주가 도를 얻자 부처님은 이내 자취를 감추셨습니다.

그때 마침 다섯 사람이 문을 열고 안으로 들어왔습니다. 그들은 공주의 비교할 수 없을 만큼 단정하고 아름다운 모습을 보자, 서로 말하였습니다.

"부마가 공주를 데리고 다니지 않는 것을 이상히 여겼더니, 공주가 너무나 아름다웠기 때문이었구나."

그들은 부인을 보고는 도로 문을 닫고 돌아가서 열쇠를 부마의 허리띠에 다시 매어 두었습니다.

그는 술이 깨어 연회를 파하고 집으로 돌아가 문을 열었습니다. 이내 인간 세상에서 보기 어려운 아름답고 단정한 여인을 보고는 놀라 물었습니다.

"당신은 누구요?"

"저는 당신의 아내입니다."

"내 아내는 아침까지 이처럼 아름답지 않았소."

"제가 부처님을 뵈었더니 몸이 이렇게 변했습니다."

공주는 그동안의 일을 자세히 설명하고 이어 말하였습니다.

"저는 지금 부왕(父王)을 뵙고 싶습니다. 당신은 저

의 뜻을 전해 주십시오."

그는 공주 말대로 곧 왕에게 가서 아뢰었습니다.
"공주가 지금 와서 뵙자고 합니다."
"그런 말 말고 어서 문을 굳게 잠그고 공주가 밖으
로 나오지 못하도록 하게."
"어찌 그렇게 하겠습니까! 공주는 지금 부처님 은혜
를 입고서 얼굴이 아름답기가 천녀와 같사옵니다."
"만일 그렇다면 어서 가서 데리고 오게."

곧 수레를 보내 공주를 불러왔습니다. 왕은 딸이
뛰어나게 아름다운 것을 보고 기뻐서 어쩔 줄 몰랐
습니다. 다음날 오전 왕은 곧 부인과 공주와 부마
를 데리고 부처님께 나아가 예배하고는 한쪽으로
물러나 꿇어앉아 부처님께 사뢰었습니다.
"이상합니다. 이 아이는 전생에 어떤 복을 지었기에
부유하고 행복한 왕가에 태어났으며, 또 어떤 허물
을 지었기에 추하고 더러운 몸을 받아 피부와 모발
은 거칠고 억세어 축생보다 더하였습니까? 원컨대
세존께서 말씀해 주소서."

"사람이 세상에 태어남에 단정하고 추한 것은 다
전생에 지은 죄와 복의 갚음으로 그렇게 되는 것이
오. 지나간 먼 세상에 바라나시라는 큰 나라가 있
었고, 또 그 나라 안에는 재물이 한량 없이 많은
큰 장자가 있었소. 그 장자의 온 집안 식구들은 프

라데카 부처님(벽지불)에게 늘 공양을 올렸소. 그런데 이 프라데카 부처님은 몸이 거칠고 얼굴은 추하고 여위어 그 꼴은 차마 눈뜨고 보기가 어려울 정도였소. 그때 그 장자에게는 딸이 하나 있었소. 그녀는 날마다 오는 그 프라데카 부처님을 보고 미워하고 업신여기고 흉을 보았소.

'얼굴이 추하고 피부는 거친 것이 어찌 저리 미운가.'

그러나 프라데카 부처님은 자주 그 집에 가서 공양을 받았소.

프라데카 부처님은 세상에 오래 살다가 열반(涅槃)에 들려고 하였소. 그래서 그 단월(신도)을 위해 갖가지 신통을 부렸소. 즉, 허공에 솟아올라 몸에서 물과 불을 뿜으면서, 동쪽에서 솟아 서쪽으로 사라지고, 서쪽에서 솟아 동쪽으로 사라지며, 남쪽에서 솟아 북쪽으로 사라지고, 북쪽에서 솟아 남쪽으로 사라졌으며, 또 허공에서 앉기도 하고 눕기도 하면서 갖가지 변화를 나타내어 집안 사람들을 모두 보게 한 뒤 허공에서 내려와 그 집으로 들었소. 장자는 그것을 보고 한량 없이 기뻐하였고, 그 딸은 곧 잘못을 뉘우치고 스스로 꾸짖고는 사죄하였소.

'존자께서 용서하소서. 저는 전에 나쁜 마음으로 지은 죄가 너무 무겁습니다. 바라옵건대 마음에 두지 마시고 모든 죄를 용서하소서.'

프라데카 부처님은 그 참회를 들어주었소."

부처님께서 이어 말씀하셨습니다.

"그때의 딸이 바로 지금의 공주요. 그때에 공주가 마음으로 프라데카 부처님을 비방한 죄업을 지었기 때문에 그 후로는 언제나 추한 형상을 받았고, 신통을 보고 스스로 참회하였기 때문에 도리어 단정한 몸을 받고, 다른 사람보다 뛰어난 재주는 아무도 따를 이가 없었으며, 그 프라데카 부처님에게 공양을 올렸기 때문에 태어나는 세상마다 부귀했고, 이제 해탈을 얻었소. 대왕이여, 이와 같이 형상이 있는 일체 중생은 부디 몸과 입을 잘 단속해 함부로 남을 업신여기거나 나쁘게 말하지 말아야 합니다."

그때에 프라세나짓왕과 여러 신하들과 대중들은 부처님께서 말씀하시는 인연(因緣)과 과보(果報)를 듣고 모두 믿고 공경하며 부처님 앞에서 감탄하였습니다. 그들은 믿는 마음으로 말미암아 첫째 결과에서 넷째 결과까지 얻는 이도 있었고, 위없이 평등한 뜻을 내는 이도 있었으며, 또 물러나지 않는 자리에 머무는 이도 있었으며, 모두 간절히 우러러 마음으로 부처님의 교훈을 공경히 받들고 기뻐하며 실천하였습니다.

4. 진실이 담긴 조약돌

저는 이와 같이 들었습니다.

부처님께서 슈라바스티의 기타 숲 급고독원에 계시던 어느 때, 어떤 장자가 아들을 낳았는데, 아이가 날 때에 하늘에서 일곱 가지 보배가 집안에 두루 내려 가득하였습니다. 그 장자는 곧 관상(觀相) 보는 이를 불러 아이 상을 보였습니다.

관상가는 그 기이한 상을 보고 장자에게 말하였습니다.

"이 아이 상은 뛰어나고 특별합니다."

장자는 이 말을 듣고 못내 기뻐하면서 이름을 지어달라고 하였습니다. 관상가가 물었습니다.

"이 아이가 날 때 징조가 있었습니까?"

"이 아이가 날 때 하늘에서 일곱 가지 보배가 쏟아져 우리 집안에 가득하였소."

"그것은 이 아이의 복덕입니다. 그러니 이름을 천보(天寶)라 하십시오."

아이는 차츰 자라나자 온갖 기술을 다 통달하였습니다. 그러던 어느 날 부처님의 신성함과 뛰어난

덕(德)이 짝할 데 없다는 말을 듣고, 마음으로 간절히 사모하여 집을 떠나려고 하였습니다. 그는 부모에게 하직하고 부처님께 나아가 땅에 엎드려 예배하고 사뢰었습니다.

"원컨대 세존께서는 저의 출가를 허락해주십시오."
"잘 왔구나! 비구야."

그러자 그의 수염과 머리카락이 저절로 떨어지고 가사가 몸에 입혀졌습니다. 아난다가 부처님께 여쭈었습니다.
"알 수 없습니다. 세존이시여, 저 천보 비구는 전생(前生)에 어떤 복을 지었기에 그가 날 때에 하늘에서 온갖 보배가 내렸고 옷과 밥은 저절로 생겨 모자람이 없습니까?"

"지난 세상에 비파시인이라는 부처님이 세상에 나와 헤아릴 수 없는 중생을 제도하셨다. 그때 여러 스님들이 촌락을 다니면 그 촌락의 여러 거사들은 모두 스님들을 초청해 갖가지로 공양을 올렸다.
그때에 어떤 가난한 사람이 스님들을 뵙고 기쁜 마음을 가졌으나 집에는 재물이나 공양거리가 없었다. 그는 구슬과 같은 흰 조약돌을 한 줌 쥐어 스님들에게 흩으면서 큰 서원을 세웠느니라."
부처님께서 이어 말씀하셨습니다.
"그때에 조약돌로 공양을 올린 가난한 사람이 바로

저 천보 비구이니라. 그는 과거에 믿고 공경하는 마음으로 구슬 같은 흰 조약돌을 스님들에게 공양하였기 때문에 구십일 겁 동안 한량 없는 복(福)을 받아 재물과 보배가 많았고, 옷과 밥이 저절로 생겨 모자람이 없었으며, 그때에 믿고 공경하는 마음이 있었기 때문에 지금 나를 만나 도(道)를 깨닫게 되었느니라."

그때에 대중들은 부처님 말씀을 듣고 스스로 믿는 마음이 생겨, 첫째 결과를 얻는 이도 있었고, 나아가서는 넷째 결과까지 얻는 이도 있었으며, 마음을 내어 물러나지 않는 자리에 머무르는 이도 있었으며, 대중들은 부처님 말씀을 듣고 기뻐하며 힘써 실천하였습니다.

믿음은 도(道)의 으뜸이요 공덕의 어머니이다.
신심은 일체행의 우두머리가 되고,
모든 덕의 근본이 된다.
불법의 바다에 들어감에 있어서는 믿음이
근본이 되고, 생사(生死)의 강을 건넘에
있어서는 계(戒)의 뗏목이 된다.
그러므로 믿는 사람에게는 궁핍이 없지만,
믿지 않는 자는 믿음이 충만한 사람 또한
과거에도 없었고, 미래에도 없으리라.
그리고 현재에도 없다.
  - 법구경

5. 인연(因緣)이 소중하다

저는 이와 같이 들었습니다.

부처님께서 라자그리하의 대나무숲 절(왕사성의 죽림정사)에 계시던 어느 때, 세존께서는 처음으로 도(道)를 얻어 교진여 등을 제도하시고 다음에는 가섭 형제들과 일천 명을 제도하셨습니다. 사람을 제도하시는 범위는 점점 넓어져 그 은혜를 입는 이가 많았습니다.

그러니 라자그리하 사람들은 한량 없이 기뻐하면서 찬탄하지 않는 이가 없었습니다.

"여래께서 세상에 나오심은 참으로 기이하고 특별한 일로서, 중생들은 모두 고통에서 벗어나는구나."

또 교진여 등과 가섭 형제 무리들을 칭송하였습니다.

"저 대덕 비구들은 전생에 여래와 무슨 인연이 있었기에 법의 북이 처음 울리자마자 남보다 먼저 듣게 되었으며, 단 이슬과 같은 법의 맛을 먼저 맛보게 되었는가."

그때 비구들은 여러 사람들의 이런 칭송을 듣고,

곧 부처님께 나아가 그 사실을 자세히 사뢰었습니다.

부처님께서 말씀하셨습니다.

"나는 과거에 저 무리들과 함께 있으면서, 만일 내가 도를 이루면 먼저 저들을 제도하겠다는 큰 서원을 세웠느니라."

비구들은 이 말씀을 듣고 다시 부처님께 사뢰었습니다.

"오랜 과거에 함께 사시면서 서원을 세우신 그 사실은 무엇입니까? 저희들을 가엾이 여겨 설명해주십시오."

"자세히 듣고 잘 기억하여라. 오랜 과거 한량 없고 가 없으며 헤아릴 수 없는 아승기 겁 이전에, 이 남염부제에 바라나시라는 큰 나라가 있었고, 당시 국왕의 이름은 가리였다. 그 나라에는 찬제파리라는 큰 선인(仙人)이 있었는데, 그는 오백 명 제자들과 함께 숲속에 살면서 인욕(忍辱)을 수행하고 있었다. 어느 때 국왕은 신하들과 부인과 궁녀들을 데리고 산에 들어가 놀게 되었다. 그때에 왕은 피로해 누워 쉬고 있었고, 여러 궁녀들은 돌아다니면서 꽃으로 뒤덮인 숲을 구경하였다. 그러다가 찬제파리가 단정히 앉아 생각에 잠겨 있는 것을 보고 저절로 공경하는 마음이 생겨, 온갖 꽃을 따다 그 주위에 흩어놓고 이내 그 앞에 앉아 그의 설법을 듣고 있었다.

왕이 잠에서 깨어 사방을 둘러보니 여인들이 보이지 않자 네 대신을 데리고 같이 가서 찾아보았다. 그러다가 그 여인들이 선인 앞에 앉아 있는 것을 보고 곧 선인에게 물었다.

'너는 네 가지 공한 선정(空定)을 얻었는가?'
'얻지 못했습니다.'
'네 가지 무량심(無量心)은 얻었는가?'
'얻지 못했습니다.'
'네 가지 선정(禪定)은 얻었는가?'
'얻지 못했습니다.'

왕은 화를 내며 말하였다.
'너는 그런 공덕을 모두 얻지 못하였으니 범부에 지나지 않는다. 그러면서 혼자 여인들과 으슥한 곳에 있으니 어떻게 믿을 수 있겠는가?'
'......'
'너는 항상 여기 있다고 하는데, 어떤 사람인가. 또 무엇을 수행하는가?'
'인욕을 수행하고 있습니다.'

왕은 곧 칼을 빼며 말하였다.
'만일 욕됨을 참는다면 나는 지금 네가 참을 수 있는가를 알아보리라.'
곧 그의 두 손을 끊고, 그리고 또 물었다.
'그래도 욕됨을 참는다고 말할 수 있겠는가?'

또 두 다리를 끊고 물었다.
'그래도 욕됨을 참는다고 말할 수 있겠는가?'
다음에는 그 귀와 코를 베었지만 그는 얼굴빛도 변하지 않았다.
'그래도 욕됨을 참는다고 말할 수 있겠는가?'

그때에 천지는 여섯 가지로 진동하고, 선인의 오백 명 제자는 허공을 날면서 스승에게 물었다.
'그런 고통을 당하고도 인욕하는 마음을 잃지 않습니까?'
스승은 대답하였습니다.
'마음은 변하지 않느니라.'

왕은 깜짝 놀라면서 다시 물었다.
'너는 참는다고 말하지만 무엇으로 증명하겠는가?'
'만일 내가 참는 것이 진실이요 거짓이 아니라면 피는 젖이 되고 몸은 예전처럼 회복될 것이다.'
그 말이 끝나자 피는 곧 젖이 되고 몸은 전처럼 회복되었다.

왕은 그 참음의 증명을 보고 두려워하여 말했다.
'아, 제가 질투하여 큰 선인을 비방하고 욕보였습니다. 원컨대 가엾이 여겨 참회를 받아주소서.'
'왕은 여자로 말미암아 칼로써 내 몸을 해쳤지만 나의 인욕은 땅과 같습니다. 나는 뒤에 부처가 되면 먼저 지혜의 칼로써 당신의 세 가지 독을 끊을

것입니다.'

그때에 산중에 있던 여러 용과 귀신들은 가리왕이 인욕하는 선인을 해치는 것을 보고, 모두 걱정하여 큰 구름과 안개를 일으키고 뇌성벽력을 치면서, 그 왕과 권속들을 해치려 하였다.
선인은 하늘을 우러러 말하였다.
'나를 위한다면 저 왕을 해치지 마시오.'

가리왕은 참회한 뒤에는 늘 선인을 왕궁으로 초청하여 공양을 올렸다. 그때 다른 범지들 천 사람은 왕이 찬제파리를 공경히 대우하는 것을 매우 시기하여 그가 앉은 곳에 티끌과 흙과 더러운 물건들을 끼얹었다.
선인은 그렇게 하는 그들을 보고 곧 서원을 세웠다.
'내가 지금 인욕을 수행하여 중생들을 위해 쉬지 않고 그 행을 쌓으면, 뒤에는 반드시 부처가 될 것이다. 만일 불도를 성취하면 먼저 법의 물로써 너희들의 티끌과 때를 씻고, 탐욕의 더러움을 없애 영원히 청정하게 해 주겠다.'

그때의 그 찬제파리는 지금의 나며, 그때의 가리왕과 네 대신은 바로 지금의 교진여 등의 다섯 비구요, 내게 티끌을 끼얹은 천 명의 범지는 바로 지금의 가섭 등 천 비구이니라. 나는 그때에 인욕을 수

행하면서 저들을 먼저 제도하겠다고 서원을 세웠다. 그러므로 내가 도를 이루자 그들이 먼저 괴로움에서 벗어나게 되었느니라."

그때에 비구들은 부처님 말씀을 듣고, 일찍이 없었던 일이라고 찬탄하고 기뻐하며 힘써 실천하였습니다.

6. 이교도(異敎徒)를 항복 받다 1

저는 이와 같이 들었습니다.

부처님께서 라자그리하(왕사성)의 대숲 절(죽림정사)에서 천이백오십 명의 비구들과 함께 계시던 어느 때, 빔비사라왕은 이미 '첫째 결과'를 얻어 믿고 공경하는 마음이 더욱 독실하여, 항상 품질이 가장 좋은 네 가지 필요한 물품을 부처님과 비구 스님들이 사용하시도록 올렸습니다. 그리고 백성들과 착한 일 하기를 즐기고 백성들에게 불법(佛法)을 권하고 가르쳤습니다.

그 나라에 푸루나카샤파 등 여섯 이교도의 무리들이 있었으니, 그들은 일찍부터 세상에 나와 삿된 소견과 뒤바뀐 주장으로 사람들을 속이고 유혹하였으므로, 어리석고 어두운 무리들은 그 사교(邪敎)를 믿고, 또 널리 퍼뜨려 나쁜 무리들이 나라에 가득하였습니다. 왕에게 아우가 있었고, 그는 그 여섯 이교도를 공경히 받들면서 그들의 삿되고 뒤바뀐 소견에 홀리어 믿고 거기에 참된 도(道)가 있다고 하여, 집안의 많은 재산을 그들에게 바치고 있었습니다.

부처님의 태양 같은 가르침이 처음 나타나고, 지혜

의 물이 일찍부터 흘렀으나, 그는 교화 받을 마음이 없고 어두운 겹겹의 그물에 걸려 있었습니다.

형님인 빔비사라왕은 그 아우를 매우 사랑하고 소중히 여겼으므로, 은근한 마음으로 타일러 부처님을 믿게 하려 했으나, 그 아우는 그 삿된 이치를 고집하며 왕의 말을 따르지 않았습니다. 또 왕이 자주 명령하여 부처님을 초청해 공양을 올리라고 하면 아우는 이렇게 말하였습니다.
"저에게는 따로 믿음이 있으므로 새삼스레 가서 고타마를 초청할 수 없습니다."
그러나 차마 왕의 명령을 거역할 수 없어 다음과 같이 말했습니다.
"큰 모임을 베풀어 오는 사람은 제한하지 않겠습니다. 만일 그가 스스로 온다면 나는 그를 대접하겠습니다."

그는 공양거리를 장만하고 자리를 펴는 등 모임의 준비를 끝내고, 사람을 보내어 여섯 이교도를 초청했습니다. 그들은 모두 모여와 윗자리에 앉았습니다. 그러나 부처님과 스님들이 오지 않는 것을 이상히 여겨 그는 왕에게 가서 아뢰었습니다.
"대왕께서 전에 여러 번 고타마를 초청하라고 분부하셨습니다. 그래서 지금 그를 위해 공양을 베풀었습니다. 그런데 어찌하여 때가 다 되었는데도 그들은 오지 않습니까?"

왕은 아우에게 말하였습니다.
"만일 네가 직접 가서 초청하지 못한다면 사람을
보내어 때가 되었다고 여쭈어라."
아우는 분부를 받고 사람을 보내어 사뢰었습니다.

그때에 부처님은 대중을 데리고 모임에 가셔서 그
여섯 이교도들이 윗자리에 먼저 앉아 있는 것을 보
시고, 스님들과 함께 아랫자리에 차례로 앉았습니
다. 그때에 부처님은 신통(神通)으로 그 여섯 이교
도와 제자들의 자리를 부처님 대중보다 아랫줄에
있게 하였습니다.
여섯 이교도는 창피하게 여겨 제각기 일어나 자리
를 옮겨 위로 올라갔으나 여전히 몸은 아랫자리에
있었습니다. 이렇게 두 번 세 번 자리를 옮겨 위로
올라갔으나 여전히 몸은 아랫자리에 있었습니다. 그
러니 어찌할 수 없이 머리를 숙이고 그대로 앉아
있었습니다.

도우미가 손을 씻을 물을 돌릴 때 윗자리에 먼저
오자 부처님은 그들에게 말씀하셨습니다.
"너희 스승에게 먼저 돌려라."
그들이 그들의 스승 앞에 가서 물통을 들고 물을
따르려고 했으나, 물통 주둥이가 저절로 막혀 물이
나오지 않았습니다.
그래서 도로 부처님 앞으로 가서 부처님부터 차례
로 물을 돌리자 그제야 물이 나와 모두 손을 씻을

수 있었습니다.

손을 씻은 다음 주원(呪願)할 때가 되어, 도우미들이 밥을 가지고 윗자리에 이르자 부처님께서 말씀하셨습니다.
"본래 우리를 위한 것이 아니니 너희 스승 앞에 가서 그들로 하여금 주원을 하게 하라."
그 분부를 받고 여섯 이교도 앞으로 가니 여섯 이교도는 입이 닫혀 말을 할 수가 없게 되었고, 그들은 제각기 손을 들어 부처님을 가리켰습니다. 부처님은 웅장하고 맑은 음성으로 주원하셨습니다.

주원을 마친 뒤에 음식을 돌릴 때가 되어 윗자리에서 차례로 돌리려 하자 부처님께서는 또 말씀하셨습니다.
"너희 스승에게 먼저 올려라."
음식을 가지고 가서 여섯 스승에서부터 시작해 돌리려 하자, 음식이 갑자기 공중에 떠올라 각기 그 머리 위에 떠 있었으므로 먹을 수가 없었습니다. 부처님과 스님들에서 시작하여 밥을 돌리려 하니, 음식이 그제야 도로 내려와 각각 제 앞에 놓였습니다.

부처님과 스님들과 대중들의 식사가 끝나 발우를 씻고 양치질한 뒤에, 도로 앉아 설법할 때가 되자 부처님께서 그들에게 말씀하셨습니다.

"너희 스승께 설교하게 하라."
그들은 이내 여섯 이교도에게 설법을 간청하였으나, 그들은 입이 달라붙어 버리니, 모두 손을 들어 부처님을 가리켰습니다. 그때에 부처님은 대중을 위하여 부드럽고 웅장한 음성으로 법의 성품과 그 이치를 분별해 말씀하셔서 그들의 뜻에 맞게 하시니, 그들은 모두 설법을 듣고 마음이 열렸습니다.

그때에 빔비사라왕의 아우는 법 눈이 깨끗하게 되었고, 그 밖의 사람들은 '첫째 결과'에서 '셋째 결과'까지 얻고, 출가하여 번뇌가 없어지고, 위없는 도(道)에 마음을 내어 물러나지 않는 자리에 머물렀으며, 마음으로 소원하는 것을 모두 성취하였습니다. 그래서 각각 참다운 이치를 알고 삼보를 믿고 공경하였으며, 여섯 이교도를 천하게 여겨 다시는 초청하여 공양을 올리려 하지 않았습니다.

더러운 법은 가까이 하지 말고
방일은 행하지 않아야 하며
삿된 소견은 익히지 말라
그것들은 이 세상을 자라게 한다 ·

비록 이 세간에 살고 있어도
바른 소견을 더 많이 가지면
또 백번 천번 태어난다 하더라도
끝내 나쁜 세계는 떨어지지 않으리 ·
ㅡ 「사견정견경」

7. 이교도를 항복받다 2

이에 여섯 이교도는 매우 번민하고 성을 내어 제각기 한적한 곳에 가서 마법을 배우려 하였습니다. 그때에 하늘 악마 파피야스는 저들의 마음이 약해져서 나쁘고 삿된 법을 펴지 못할까 걱정하고, 곧 내려와 여섯 이교도의 모양으로 변하여 각각 한 사람씩을 맡아 그들에게 술법을 가르쳐 주었습니다. 즉 공중을 날아다니면서 몸에서 물과 불을 토하기도 하고 몸을 여러 개로 나누는 등 백 가지 변화를 부렸습니다.

그러자 어리석은 무리들은 다시 그들을 믿고 받들었습니다. 그들은 전에 모욕을 당하고 빼앗긴 이익을 찾기 위해 한 곳에 모여 의논하였습니다.
"이제 우리 술법도 고타마보다 못하지 않다. 우리가 전에 한 번 욕봄으로써 사람들의 마음이 떠나고 흩어졌다. 그러나 이제 우리들이 신기한 마법을 나타내 기묘한 변화로써 충분히 저들을 항복시킬 수 있을 것이다. 국왕에게 나아가 저들과 한번 승부를 겨루어 판가름하도록 해보자."

이렇게 결의하고 왕에게 나아가 자기들의 지혜와 신통과 마법을 설명하고 말하였습니다.

"저 사문과 신기한 변화를 부려 시험해 보면 그 가부가 저절로 나타날 것입니다."

왕은 웃으면서 말하였습니다.

"너희들은 어찌 그리 어리석은가. 부처님의 덕은 넓고 크며 신통은 걸림이 없다. 너희들이 겨루어 본다는 것은 마치 반딧불로 해와 빛을 겨루고, 소 발자국에 고인 물로 바다와 크기를 견주며, 여우가 힘으로 사자와 용맹을 타투고, 개미 언덕으로 수미산과 높이를 견주려는 것과 같아서, 길고 짧음의 차별이 확실한데 어리석고 미혹하여 큰 꾀를 내니, 어찌 그리도 어리석은가."

"일은 겪어 본 뒤에라야 아는 것입니다. 대왕은 우리들의 뛰어난 변화를 보시지 못하고 치우친 마음으로 저쪽만 장하다고 말하지만, 한번 시험해 보면 길고 짧음이 저절로 결정될 것입니다."

"겨루어 보고 싶으면 겨루어 보아라. 그러나 다만 너희들이 스스로 욕을 부를까 걱정이다. 단 부처님과 신통을 다투고자 할 때 우리가 모두 같이 참관할 것이다."

"7일 뒤로 날을 정하겠습니다. 원컨대 대왕은 시합할 장소를 잘 손보아 놓으십시오."

여섯 이교도들이 떠난 뒤에 왕은 수레를 타고 부처

님께 나아가 그 사실을 아뢰었습니다.

"저 여섯 이교도들이 부처님과 도술을 시험해 보겠다고 시끄럽게 굴기 때문에, 이치로서 나무랐지만 그들은 단념하지 않았습니다. 원컨대 세존께서는 그 신력을 떨치셔서 저 사악한 무리들을 항복 받으시면, 그제야 선(善)으로 돌아올 것입니다. 또한 저희들로 하여금 부처님의 신통을 보게 하소서."

"내가 때를 알아서 하겠다."

왕은 부처님께서 신통을 겨루겠다고 허락하신 것으로 알고 곧 신하들에게 명령하여 넓은 곳을 편편하게 닦고 자리를 정리해 놓고, 온갖 깃발을 세우고, 꽃과 구슬을 꿰어 장엄하고 화려하게 꾸며 놓았고, 사람들은 모두 그날을 기대하고 있었습니다. 그 전날 부처님은 스님들을 데리고 라자그리하성을 나와 바이샤알리로 가셨습니다. 바이샤알리의 여러 예인들은 사람들을 데리고 나와서 맞이하였습니다.

그날이 되어, 사람들은 부처님을 찾았으나 계시지 않아, 절에 가서 물어보고서야 비로소 바이샤알리로 가신 줄을 알았습니다. 여섯 이교도들은 떠들며 외쳤습니다.

"우리는 오래 전부터 고타마의 지혜와 도술이 보잘 것 없는 줄 알고 있었다. 그러나 사람들은 의심하면서 우리 말을 믿지 않았지만 도술을 다툴 기일이 되니, 본인이 이기지 못할 줄 알고 그만 바이샤알리로 도망쳐 버렸다."
그들은 더욱 뽐내면서 서로 말하였습니다.
"어디든지 쫓아가 보자."

그때에 빔비사라왕은 음식을 준비하여 오백 대의 수레에 가득히 싣고 신하들과 십사만 무리들도 각각 양식을 준비하고 부처님을 쫓아 앞뒤로 줄을 지어 바이샤알리로 갔습니다.
여섯 이교도들은 다시 여러 연예인들에게 말했습니다.
"우리가 고타마와 신력을 시합하고 실성(實性)을 변론하는 것을 보고 들으려거든 7일 후에 오십시오."

연예인들은 다시 부처님께 가서 사뢰었습니다.
"저 여섯 이교도들은 어리석어 스스로 도가 높다고 일컬으면서 부처님과 신력을 다투려고 합니다. 원컨대 세존께서는 신력을 보이셔서 저들을 항복받으소서."
"내가 때를 알아서 하겠소."

연예인들은 목수들을 데리고 빔비사라왕처럼 시합 장소를 준비하였습니다. 그리고 사람들은 모두 그날이 오기를 기대 하였습니다. 그 전날 부처님은 제자들을 데리고 코삼비국으로 떠나셨고, 우다야나왕은 신하들을 데리고 나와 맞이하였습니다.
이튿날 새벽에 바이샤알리 사람들은 부처님을 찾

앗으나, 부처님은 이미 코삼비국으로 떠나신 뒤였습니다. 이 말을 들은 여섯 이교도들은 더욱 교만해져서 그들의 무리를 한데 모아 어디까지나 쫓아가려 하였습니다. 그때에 연예인들은 음식을 준비하여 오백 대 수레에 싣고 부처님께 공양 올리고 칠만 대중을 거느리고 빔비사라왕과 함께 코삼비에 모여, 부처님과 여섯 이교도가 신력을 시험하는 것을 보려고 뒤로 줄을 지어 길을 메우며 갔습니다.

여섯 이교도들도 코삼비에 이르러 우다야나왕을 보고 앞에서와 같은 말을 하였습니다.
"고타마 사문은 스스로 자신이 없기 때문에 자꾸만 도망침으로 붙잡을 수가 없습니다. 왕은 꼭 붙잡아서 우리와 겨루도록 해주십시오."
우다야나왕은 부처님께 여섯 이교도들의 말을 전했습니다.
"세존께서는 겨루시겠습니까?"
"내가 때를 알아서 하겠소."

우다야나왕은 부처님이 그 나라에서 시합하시기를 바라고, 연예인들처럼 시합 장소를 준비하였습니다. 시합 전날 부처님은 다시 제자들을 데리고 월기국으로 가셨고, 월기국의 둔진타왕은 백성들을 데리고 나와 부처님을 맞이하였습니다.
그 이튿날 코삼비의 사람들은 부처님이 이미 월기국으로 떠나셨다는 말을 들었고, 여섯 이교도들은 곧 뒤를 쫓아갔습니다. 그때에 우다야나왕은 팔만 대중과 빔비사라왕 등 여러 나라 사람들과 모두 월기국으로 가서 모였습니다.

여섯 이교도들은 둔진타라왕을 보고 말했습니다.
"저 고타마로 하여금 우리와 시합하게 하십시오."
둔진타라왕은 부처님께 사뢰었습니다.
"내가 때를 알아서 하겠소."

왕은 시합 장소를 장엄하게 준비하였습니다. 시합 날이 가까워 오자 부처님은 다시 제자들을 데리고 특차시라로 향하셨고, 그 나라의 왕 인타바마는 여러 신하들을 데리고 나와 맞이하였습니다. 둔진타라왕은 오만 대중과 빔비사라왕 등과 신하들을 데리고 부처님을 따라 특차시라로 향하였습니다.

여섯 이교도들도 거기 가서 인타바미왕에게 잔뜩 뽐내며 큰 소리로 말하였습니다.
"저 고타마와 신력을 시합하는 것을 허락해주십시오."
인타바미는 부처님께 나아가 사뢰었습니다.
부처님은 여전히 이렇게 대답하셨습니다.
"내가 알아서 하겠소."

왕은 시합 장소를 장엄하게 준비하였습니다.
그날이 되니 부처님은 다시 그곳을 떠나 여러 스님

들과 함께 바라나시로 가셨고, 바라나시의 왕 브라
흐마닷타는 신하들을 데리고 직접 나와 맞이하였습
니다. 그 이튿날 툭차시라 사람들은 부처님이 떠나
신 것을 알았고, 여섯 이교도들은 부처님 뒤를 쫓
아 달려갔습니다. 인타바미왕은 육만 대중과 빔비사
라왕 등과 함께 모두 부처님을 따랐고, 여섯 이교
도들도 거기에 와서, 앞에서와 같이 왕에게 간청하
였고, 왕은 앞에서와 같이 부처님께 사뢰었습니다.
부처님은 여전히 같은 대답을 하셨습니다.
"내가 때를 알아서 하겠소."

대회장 준비가 되고 그날이 되니, 부처님은 그곳을
버리고 비구들과 함께 카필라국으로 가셨고, 카필라
의 여러 샤카 종족들은 대중을 거느리고 모두 나와
맞이하였습니다. 그 이튿날 바라나시 사람들은 부처
님께서 떠나심을 알았고, 여섯 이교도들은 계속해서
쫓아갔습니다.
브라흐마닷타왕은 팔만 대중과 빔비사라왕 등 여섯
나라 사람들과 줄을 지어 부처님을 따랐으며, 여섯
이교도들도 거기 와서 샤카 종족들을 향하여 기술
과 재능을 들어 시끄럽게 말하였습니다.
"고타마와 신력을 대결할 것을 허락하십시오."
샤카족들이 부처님께 나아가 그 사실을 자세히 사
뢰자, 부처님은 여전히 같은 대답만 하셨습니다.
"내가 알아서 하겠소."

샤카족들은 대회장을 장엄하게 준비하였습니다. 그날이 가까워 오자 부처님은 스님들과 함께 슈라바스티로 가셨고 슈라바스티의 프라세나짓왕은 신하들을 데리고 모두 나와 맞이하였습니다.

샤카족들은 그 이튿날에야 부처님이 떠나신 것을 알았고, 여섯 이교도들은 무리들을 데리고 뒤를 쫓아갔습니다. 샤카족들은 구만 대중과 빔비사라왕 등 여러 나라 사람들과 함께, 내를 건너고 들을 메우면서 슈라바스티로 부처님을 따랐고, 여섯 이교도들도 거기로 와서 프라세나짓왕을 보고 그동안 사정을 자세히 말하였습니다.

"우리는 고타마와 신력을 겨루려 하였으나 기일만 되면 그는 도망쳐 붙잡을 수 없었습니다. 그래서 지금 대중들과 함께 왕의 나라에까지 쫓아온 것입니다. 대왕은 그를 시켜 우리와 대결하도록 하십시오."

프라세나짓왕은 웃으면서 말하였습니다.

"부처님의 뛰어나신 신통변화는 헤아리기 어려운데, 어떻게 너희들은 그 비루하고 못난 재주로써 큰 법왕과 힘을 겨루려 하는가?"

여섯 이교도들은 수선스럽게 말소리가 거칠어졌습니다.

프라세나짓왕은 나아가 부처님을 뵙고 사뢰었습니다.

"자 여섯 이교도들이 저처럼 간청합니다. 원컨대 세

존께서는 신통을 보이셔서 저들을 항복 받아 일체
대중들로 하여금 거짓과 참을 분별하게 하소서."
"내가 때를 알아서 하겠소."

프라세나짓왕은 곧 신하들에게 명령하려 대회장을
편편하게 만들고, 향과 꽃을 많이 쌓고 좌상을 벌
여놓고 온갖 깃대를 세워 장엄하게 준비를 끝냈고,
대중이 모두 모였습니다.

나 (부처님) 는 왕자의 지위를 문틈에 비치는 먼지처럼 보고,
금이나 옥 따위의 보배를 깨진 기왓장처럼 보며,
비단옷을 헌 누더기같이 보고,
삼천대천 세계를 한 알의 겨자씨같이 본다.
열반을 아침 저녁으로 깨어 있는 것과 같이 보고,
평등을 참다운 경지로 보며,
교화를 펴는 일을 사철 푸른 나무와 같이 본다.
-사십이장경

8. 이교도를 항복받다 3

섣달 초하룻날, 프라세나짓왕은 이른 새벽에 부처님 께 공양을 올리고, 버들가지로 직접 만든 이닦이를 올렸습니다. 그것을 받으신 부처님께서 한 개를 사 용하시고 나머지를 땅에 던지시자 거기에서 버드나 무가 살아나 무럭무럭 자라더니 줄기가 높이 뻗어 오백 요자나가 되었고, 가지와 잎도 구름처럼 펴져 그 둘레가 또한 줄기와 같았습니다. 거기서 다시 꽃이 피어 그 크기가 수레바퀴와 같고, 또 열매를 맺으니 그 크기가 다섯 말이 들어가는 병과 같았습 니다. 뿌리와 줄기, 가지, 잎사귀는 일곱 가지 보배 로 되었고, 휘황찬란한 여러 가지 빛깔은 능히 해 와 달을 가릴 정도로 빛났습니다. 그 열매의 맛은 단 이슬과 같고, 향기는 사방으로 퍼져 향기를 맡 으면 마음이 저절로 상쾌해졌습니다. 향기로운 바람 이 불어와 가지와 잎사귀가 서로 부딪치며 내는 화 창한 소리는 미묘한 법을 연설하는 듯, 듣는 사람 으로 하여금 싫증이 나지 않게 하였습니다. 그곳에 있던 사람들 모두는 그 나무의 변화를 보고 공경하 고 믿는 마음이 더욱 순수해지고 도타워졌습니다. 이에 부처님께서는 그들의 뜻에 맞추어 설법하시자 그들은 모두 법을 이해하고, 부처님께 귀의하는 수 많은 사람들은 천상에 나는 큰 결과를 얻었습니다.

둘째 날에는 우다야나왕이 부처님을 초청하였습니다. 부처님께서 그 양쪽에 두 보배 산을 만드시니 그 장엄함은 이루 말할 수 없었고, 그것은 온갖 보 배로 되어 오색은 찬란하고 광명은 휘황하였고, 여 러 가지 나무는 그 산 위에 줄을 지어 섰고 꽃과 열매는 무상하며 미묘한 향기를 내었고, 그 한쪽 산 위에는 벼가 누렇게 익어 경치가 아름다웠으며, 맛은 모두 달아 입에 맞았습니다. 그래서 사람들은 마음대로 그것을 먹었습니다. 또 다른 한쪽 산 위 에서는 부드럽고 연한 풀이 살지고 맛나게 자라, 이곳에서 기르는 축생들은 저마다 가서 그것을 먹 고 배가 불러 즐거워하였습니다. 대중들은 그 산이 신기한 것을 보고, 공양을 올린 뒤에는 모두 기뻐 하면서 부처님을 우러러 사모하는 정이 더욱 깊어 졌습니다. 부처님께서 그들의 뜻에 맞도록 설법하시 자 그들은 모두 법을 이해하고 위없는 도(道)를 공 부하려는 마음을 내었고, 수많은 사람이 천상에 나 는 결과를 얻었습니다.

셋째 날에는 둔진타라왕이 부처님을 초청하여 공양 을 올리고 깨끗한 물을 받들어 양치질 하시기를 기 다렸습니다. 부처님께서 물을 뱉어 버리시니 그 물 이 떨어진 곳이 보배가 섞인 온갖 빛깔은 서로 비치고 광명은 찬란하였습니다. 연못 가운데의 물에 핀 여덟 가지 연꽃은 크기가 수레바퀴 같았고, 파랑, 노랑, 흰색, 보랏빛, 녹색, 자주빛 연꽃이 섞여 있었습니다. 향기로운 냄새는 사방에 널리 퍼졌고, 그 연꽃은 빛깔을 따라 제각기 광명을 놓아 천지를 찬란하게 하였습니다. 대중들은 그 보배 연못이 기묘한 것을 보고 기뻐하면서 부처님의 한량 없는 덕을 칭송하였습니다.

부처님께서 대중들의 마음을 관찰하시고, 방편으로 설법하시자 모두 이해하여 위없는 도(道)를 공부하려는 마음을 내었습니다. 그들은 하늘에 태어날 과보를 얻었고, 복업(福業)을 더욱 더 쌓은 이가 헤아릴 수 없이 많았습니다.

넷째 날에는 인타바미왕이 부처님을 초청하였습니다. 부처님께서는 그 보배 연못 사방에 저절로 여덟 개의 도랑물이 흐르도록 만드시고, 그 도랑물은 도로 연못으로 들어가 저절로 돌게 만드시니 물소리는 맑고 아름다웠습니다.

부처님께서는 다섯 가지 뿌리, 다섯 가지 힘, 일곱 가지 깨달음, 여덟 가지 바른 길, 세 가지 밝음, 여섯 가지 신통, 네 가지 평등한 마음과 큰 자비를 연설하여 격려하고 인도하였습니다. 또한 갖가지 법을 연설하셔서 듣고 보는 대중들은 모두 마음이 열려 부처님께 귀의하였고 천상에 날 과보를 얻어 복(福)과 지혜(智慧)를 더욱 더 쌓은 이가 매우 많았습니다.

다섯째 날에는 브라흐마닷타왕이 부처님을 초청해 공양을 올렸습니다. 부처님께서 그날 입으로 광명을 놓으시니 황금빛이 찬란하여 삼천대천 세계를 두루 비추고, 그 광명에 닿은 일체 중생들은 세 가지 독과 다섯 가지 쌓임에 대한 집착이 모두 저절로 사라지고, 몸과 마음이 시원하고 즐거워져 마치 비구가 셋째 선정을 얻은 것과 같았습니다.
대중들은 신비롭다고 칭송하면서 부처님 덕을 마음으로 사모하였습니다. 부처님께서 그들을 위해 설법하시자, 그들은 모두 그 법을 이해하고 큰 도(道)를 공부하겠다는 마음을 내어 천상에 날 과보를 얻었고, 복(福)을 더하고 지혜를 닦는 이가 매우 많았습니다.

여섯째 날에는 바이샤알리의 왕이 부처님을 초청하였습니다. 부처님께서는 그날 그 모임에서 일체 중생으로 하여금 마음과 마음을 서로 알게 하시자, 한 사람 한 사람이 각각 서로의 마음을 알고, 그들이 생각하는 선악(善惡)과, 마음에 일어나는 자질구레한 생각이 행동을 하는 모태(母胎)가 됨을 모두 알고, 그들은 모두 놀라고 기뻐하면서 부처님의 덕을 칭송하였습니다.
부처님께서 그들을 위해 여러 가지 묘한 법을 연설하시니 그들은 모두 이해하게 되어, 부처가 되기를 맹세하고 천상에 날 과보를 얻은 이가 매우 많았습니다.

일곱째 날에는 샤카 종족들이 부처님을 초청하였습니다. 부처님께서는 그날 대중들로 하여금 모두 전륜성왕을 보게 하셨습니다. 그래서 그들은 일곱 가지 보배와 천 왕자와 여러 왕의 신민(臣民)들이 그를 공손히 받들어 모시고 우러르는 마음이 줄지 않음을 모두 보았고, 그들은 놀라고 이상스럽게 여기면서 한량 없이 기뻐하였습니다.
부처님께서 곧 그들 뜻에 맞게 설법하시니 그들은 위없는 바른 깨달음을 공부하려는 마음을 내고 천상에 날 과보를 얻는 이가 헤아릴 수 없이 많았습니다.

여덟째 날, 부처님은 제석천왕의 초청을 받았습니다. 제석천왕은 부처님을 위해 사자좌(獅子座)를 만들었고, 부처님께서 그 자리에 올라앉으시니, 제석천왕은 왼쪽에서 모시고 범천왕은 오른쪽에서 모셨으며, 모든 대중들은 고요히 좌정하였습니다. 부처님께서 천천히 팔을 펴 손으로써 자리를 만지시니 갑자기 코끼리의 외침과 같은 큰 소리가 울렸습니다. 그때에 큰 귀신 여섯이 여섯 이교도들의 높은 자리를 끌어내 부숴버렸습니다. 그리고 금강밀적(金剛密迹)은 금강저(金剛杵)를 잡았는데 금강저 끝에서 불이 일어나 여섯 이교도들을 잡아채려 하였습니다.

여섯 이교도들은 놀라서 달아나다가, 그 모욕을 당함이 부끄러워 강물에 몸을 던져 죽었습니다. 그리고 여섯 이교도의 무리 칠만 명은 모두 와서 부처님께 귀의하여 제자가 되기를 간청하였습니다.

"어서 오너라, 비구야."

부처님께서 이렇게 말씀하시자 그들의 수염과 머리는 저절로 떨어지고, 법복(法服)이 몸에 입혀져 모두 스님이 되었습니다. 그때에 부처님의 팔만 털구멍마다 모두 광명이 뻗쳐 허공에 가득했으며, 낱낱의 광명 끝에는 큰 연꽃이 있었고, 낱낱의 연꽃 위에는 변화로 나타난 부처님이 있어 대중에 둘러싸여 설법하시니, 대중들은 이 위없는 조화를 보고 믿고 공경하는 마음이 더욱 굳어졌습니다. 부처님께서 그들을 위해 설법하시니 그들은 스스로에게 맞는, 큰 도(道)를 성취하려는 마음을 내거나, 천상에 날 과보를 얻거나, 복(福)과 선(善)을 쌓는 이가 매우 많았습니다.

아홉째 날에는 범천왕이 부처님을 초청하였습니다. 부처님께서 스스로 몸을 변화시켜, 높이는 범천에 이르고 위엄은 번듯하고 의젓하여 헤아리기 어려우며 큰 광명을 놓아 천지가 휘황찬란하였고, 대중들은 우러르며 모두 그 분위기에 젖어 들었습니다. 부처님께서 그들을 위하여 여러 가지 미묘한 법을 열어 보여, 그들로 하여금 마음을 내어 부처를 찾게 하시니, 그들 중에는 천상에 날 과보를 얻은 이가 헤아리기 어려웠습니다.

열째 날에는 사천왕이 부처님을 초청하였습니다. 그때 부처님은 대중들로 하여금 부처님의 색신(色身)이 모든 하늘에 두루 계심을 보게 하시니, 사왕천에서 색구경천(色究竟天)에 이르기까지 모두 부처님의 몸을 나타내어 큰 광명을 놓고, 각각 대중들을 위하여 미묘한 법을 연설하셨습니다.
대중들은 모두 멀리서 분명히 바라보고, 공경하고 우러르는 마음이 더욱 더하였습니다. 부처님께서 그들을 위하여 설법하시니, 그들은 그 뜻을 따라 모두 큰 도(道)를 공부하려는 마음을 내어 물러나지 않는 자리에 머물렀고, 혹은 천상에 날 과보를 얻은 이가 이루 헤아릴 수 없었습니다.

11일째에는 수닷타 장자가 부처님을 초청하였습니다. 부처님께서는 그날 높은 자리 위에서 스스로 그 몸을 숨기고 아주 고요히 나타나지 않으셨습니다. 다만 광명을 놓고 부드럽고 연한 음성을 내어 미묘한 모든 법을 분별하시고 연설하셨습니다. 대중들은 그 법을 듣고 깨달아 큰 도(道)를 성취하려는 마음을 내어 물러나지 않는 자리에 머무르는 이도 있었고, 천상에 날 과보를 얻는 이도 매우 많았습니다.

12일째에는 질다 거사가 부처님을 초청해 공양을

올렸습니다. 부처님께서 그날 자심(慈心)삼매에 들어 금색 광명을 놓아 대천세계를 두루 비추셨습니다. 그 광명에 닿은 중생들은 세 가지 독한 마음이 사라지고 저절로 사랑하는 마음을 일으켜 중생을 평등하게 보기를 아버지나 어머니나 형이나 아우처럼 하되 사랑하는 마음이 조금도 더하고 덜함이 없었습니다. 그때에 부처님께서 그들을 위하여 여러 가지 법(法)을 말씀하시니 그들은 큰 도(道)를 성취하려는 마음을 내어 물러나지 않는 자리에 머물렀고, 혹은 천상에 날 과보를 얻은 이가 이루 다 헤아리기 어려웠습니다.

13일째에는 둔진타라왕이 부처님을 초청하여 공양을 올렸습니다. 부처님께서는 그날 높은 자리에 올라 배꼽으로 광명을 놓아 두 갈래로 나누되 몸에서 일곱 길이 떨어지게 하셨습니다. 그 광명 끝에는 각각 연꽃이 있고 연꽃 위에는 변화로 나타내신 부처님이 있어 그 모습이 석가모니 부처님과 다름이 없었습니다. 그 화신불도 배꼽으로 광명을 놓아 두 갈래로 나누되 몸에서 일곱 길이 떨어지게 하였습니다. 그 광명 끝에는 연꽃이 있고 연꽃 위에는 변화로 나타나신 부처님이 있었으며, 이렇게 변화한 부처님이 삼천대천세계에 두루 있었습니다. 대중들은 그것을 보고 놀라고 기뻐하였습니다. 그때 부처님께서는 그들의 뜻을 따라 설법하시니 그들 중에는 큰 도(道)를 성취하려는 마음을 내어 물러나지

않는 자리에 머무는 이도 있었고, 천상에 날 과보
를 얻은 이도 매우 많았습니다.

14일째에는 우다야나왕이 부처님을 초청하여 공양
을 올렸습니다.
우다야나왕이 부처님 위에 연꽃을 흩으니 부처님은
곧 그 꽃을 변화시켜 천이백오십 개의 보배 수레를
만드셨습니다. 그 높이는 범천에 이르렀고, 그 광명
은 금산(金山)보다 빛났습니다.
온갖 보배의 여러 가지 빛깔은 아름답게 서로 비추
어 한량 없이 찬란하였고, 신기한 구슬과 영락이
그 사이사이에 섞여 있었습니다. 그 높은 수레들
안에는 모두 부처님의 몸이 있어 큰 광명을 놓아
삼천대천세계를 두루 비추었습니다.
대중들은 그 변화를 보고 기쁜 마음과 공경하는 마
음이 뒤섞였습니다. 부처님께서 설법하시니 병(病)
을 따라 약(藥)을 쓰는 것과 같았습니다. 그들은 모
두 큰 도(道)를 성취하려는 마음을 내어 물러나지
않는 자리에 머무는 이도 있었고, 혹은 도(道)를 얻
어 천상에 날 과보를 얻은 이도 매우 많았습니다.

15일째에는 빔비사라왕이 부처님을 초청하여 공양
을 올렸습니다. 부처님은 미리 왕에게 분부하여 그
릇만 준비하라고 하셨습니다. 왕은 분부에 따라 그
릇만 많이 준비하게 하였습니다. 밥 때가 되니 모
든 그릇에는 갖가지 맛나고 아름다운 음식이 가득

찼고 대중들이 실컷 먹고도 음식이 남았으며, 먹은 뒤에는 몸과 마음이 저절로 편안하고 즐거워졌습니다. 그때에 세존께서 손으로 땅을 가리키니, 열여덟 지옥(地獄)이 한꺼번에 나타났고, 거기서 죄를 받는 티끌 같은 한량 없는 중생들은 제각기 모두 말하였습니다.

"저는 전생에 어떠한 죄를 지었기에 지금 이런 고통을 받습니까?"

그것을 본 대중들은 모두 온몸에 소름이 끼치고, 못내 슬퍼하며 가엾게 여겼습니다.

부처님께서 그들 뜻에 맞게 설법하시니, 그들 중에는 큰 도(道)를 성취하려는 마음을 내어 물러나지 않는 자리에 머무는 이도 있었고, 천상에 날 과보를 얻은 이도 이루 다 셀 수 없이 많았습니다.

지옥 중생들도 부처님을 뵙고 법을 들음으로써 공경하고 우러르는 마음이 생겨 모두 멀리서 귀의하였습니다. 그래서 마침내 모두 천상이나 인간에 나게 되었습니다.

9. 이교도를 항복받다 4

그때에 빔비사라왕은 꿇어 앉아 부처님께 사뢰었습니다.

"부처님의 서른두 가지 신기한 모습 중에서 몸이나 손의 모습은 일찍 뵈었습니다. 그러나 아직 부처님 발바닥의 바퀴모양은 뵙지 못하였습니다. 원컨대 대중 모두에게 보여주십시오."

부처님은 곧 다리를 들어 대중에게 보여 주셨습니다. 대중들은 부처님 발바닥의 바퀴모양이 단정하고 빛나며 그 무늬가 그림 같이 모두 환히 나타나는 것을 보았고, 아무리 보아도 싫증이 나지 않았습니다.

왕은 더욱 기뻐하면서 다시 여쭈었습니다.

"저는 모르겠사옵니다. 세존께서는 본래 어떤 공덕을 지으셨기에 그런 묘한 바퀴 모양을 이루셨습니까?"

"나는 과거에 내 스스로 열 가지 선행을 닦았고, 또 이를 남에게도 가르쳤기 때문에 이처럼 분명한 바퀴 모양을 얻은 것이오."

"저는 모르겠나이다. 세존이시여 스스로 열 가지 선행을 닦고, 또 남에게도 가르쳤다는 그 일은 어떠하셨습니까? 가르쳐 주십시오."

"자세히 듣고 명심하시오. 과거 헤아릴 수 없는 아승기 겁 이전에 이 남염부제의 땅에 큰 나라 왕이 있었는데, 이름을 시타니미라 하였소. 그는 팔만사천 나라와 팔억 촌락과 일만 대신을 거느렸었소. 또 왕에게는 이만 부인이 있었소. 그러나 아무에게도 아들이 없었소. 왕은 매우 근심하면서 나라의 대(代)가 끊어질까 걱정하여 여러 하늘에 널리 기도하였소.

왕의 첫째 부인은 이름이 수리파리만 이었는데 그는 얼마 뒤에 임신한 것을 깨달았소. 아이를 가진 뒤로는 심성이 청명해지고 인자하고 측은히 여기는 마음이 있어 남에게 선행을 권하였소. 달이 차서 한 사내를 낳았는데, 아이의 얼굴은 뛰어나게 단정하고 모양은 두드러지게 아름다우며, 온몸의 털구멍에서 빛이 났었소. 왕은 몹시 기뻐했으며, 아무리 보아도 싫증이 나지 않았소.

곧 관상가를 불러 그 길흉의 상을 보게 하였소. 관상가는 자세히 보고는 찬탄하였소.

'신기 합니다. 이 아이의 상은 매우 뛰어납니다. 그 덕은 천하를 편안하게 할테니 천하가 이 태자를 공경히 받들 것입니다.'

왕은 더욱 기뻐하여 이름을 지으라고 명령하였소.

'어떤 이상한 징조가 있었습니까?'

'이 아이를 가진 뒤로 어미는 총명해지고 지혜로우며 인자하여 선행을 권하였소. 다른 징조도 많았으나 이 징조가 제일 이상하였네.'

관상가는 놀라고 기뻐하면서 왕에게 아뢰었다.

'어머님이 전보다 지혜로웠고 아기 몸에 광명이 있었으니 이름을 혜광(慧光)이라 하소서.'

성장할수록 태자의 지혜는 남보다 뛰어났다. 부왕이 세상을 떠나자 장례를 마치고, 신하들은 모여 태자에게 왕위를 잇도록 권하였으나 태자는 굳이 사양하며 말하였소.

'나는 감당할 수 없소.'

'대왕이 이미 돌아가시고 오직 태자만 있을 뿐 다른 형제가 없는데 싫다고 말씀하시니 누구에게 물려주시겠습니까?'

'세상 사람이 악을 행할 때는 반드시 순하게만 다룰 수 없소. 만일 그들에게 형벌을 주게 되면 내가 죄를 짓게 될 것이오. 그러므로 만일 백성을 다스리되 백성들이 열 가지 선행을 두루 행할 수 있다면 나라 일을 맡을 것이오.'

'좋습니다. 원컨대 왕위에 오르십시오. 그리고 열 가지 선행을 실천도록 명령하십시오.'

그때에 태자는 곧 왕위에 올라 백성들에게 명령을 내려 열 가지 선행을 두루 실천하라 하였소. 백성들은 공경하고 순종하여 마음을 고치고 행동을 바

꾸었소.

그때에 마왕(魔王)은 그것을 시기하여 왕의 교화를 무너뜨리려 몰래 가짜 글을 만들어 여러 나라에 명령하였소.
'전에 명령하여 선행하라 하였지만 그것은 아무 효과가 없을 뿐 아니라, 한갓 노고만 더하여 쓸데없는 짓을 한 것이다. 지금부터는 백성들이 열 가지 나쁜 일을 행하는 것을 허락하니, 다시는 꺼리지 말라.'
여러 왕들은 이 글을 받고 괴상히 여겼소.
'무엇 때문에 이치를 어겨 사람들에게 악(惡)을 따르라고 권하는가.'
곧 각기 친서를 보내 다시 그 까닭을 물었소.
왕은 그 글을 보고 깜짝 놀랐소.
'나는 그런 명령을 내린 일이 없는데, 어떻게 된 일일까?'
곧 수레를 타고 몸소 여러 나라로 돌아다니면서 백성들을 만나보고, 뒤에 한 명령을 취소한다고 선언하였소.

그때에 그 악마(惡魔)는 길가에서 어떤 사람으로 변하여 큰 불속에 빠져 있으면서 몹시 슬프고 간절한 소리로 울부짖었소.
왕은 가서 물었소.
'넌 왜 그러느냐?'

'나는 전생에 남에게 열 가지 선행을 권하였기 때문에 지금 이렇게 견디기 어려운 고통을 받고 있습니다.'

'어떻게 그런 일이 있겠는가? 남에게 선행을 닦으라고 권했는데 도리어 고통을 받겠는가? 열 가지 선행을 권하였기 때문에 네가 그런 고통을 받는다면, 이전에 그 권함을 받아 열 가지 선을 실천한 사람은 좋은 갚음을 받았는가?'

'이전 사람은 좋은 복을 얻었습니다. 다만 남에게 가르치기만 하였기 때문에 홀로 이런 고통을 받습니다.'

왕은 그 말을 듣고 기뻐하면서 말하였소.

'다른 사람으로 하여금 좋은 복을 받게 하였다면, 그 고통을 달게 받을 것이니, 그것은 한탄할 필요가 없다.'

악마는 이 말을 듣고 곧 형상을 숨기고 사라졌소.

왕은 여러 나라를 두루 돌아다니면서 열 가지 선행을 폈소.

백성들은 거기에 교화되어 몸과 말과 뜻을 조심하여 바른 교화가 두루 퍼졌고, 모두 우러러 사모하고 왕의 덕은 높아지고 빛났소. 그래서 상서로운 징조가 나타날 때 금 바퀴가 먼저 응하고 일곱 가지 보배가 한꺼번에 이르렀소. 왕은 천하를 돌아다니면서 선(善)으로써 다스리는 것을 왕의 의무로 삼았소.

이와 같이 대왕은 알아야 합니다. 그때의 그 시타미니왕은 바로 지금 나의 아버지 정반왕이요, 그 어머니는 바로 지금 나의 어머니 마하마야이며, 그 때에 열 가지 선행으로써 백성을 교화한 혜광왕이 바로 지금의 나였소.

나는 그 세상에서 스스로도 열 가지 선(善)을 행하고 또 백성들에게 권해 그것을 실천하게 하였기 때문에 오늘 이 발바닥에 천 폭의 바퀴 모양을 얻게 된 것이오."

10. 이교도를 항복받다 5

이 말을 들은 빔비사라왕이 다시 사뢰었습니다.
"저 여섯 이교도 무리들은 미욱하여, 자기들의 실력
은 헤아리지 못하고 이익에만 탐착하고 질투심을
일으켜 세존과 신력을 겨루려 하였습니다. 그래서
말하기를 '부처가 한 가지 신통을 부리면 우리는
두 가지 신통을 부리겠다'고 하였습니다. 그러나 부
처님께서 신묘하여 헤아릴 수 없는 신변을 나타내
시니 저들은 그만 움츠러들어 한 가지 술법도 부리
지 못하고, 제 꼴이 부끄러워 몸을 던져 물에 빠져
죽었습니다. 그리고 그 무리들도 모두 흩어져 스스
로 그 재앙을 남겼으니, 그 미련함이 어찌 그리 심
하였습니까?"

"저 이교도가 이름과 이익을 다투어 내게 대결을
구하다가, 제 몸을 죽이고 그 무리를 잃은 일은 오
늘만이 아니요, 지나간 세상에서도 나와 다투다가
나는 그들을 죽이고 그 무리를 빼앗은 일이 있었
소."
왕은 꿇어 앉아 다시 여쭈었습니다.
"저는 모르옵니다. 세존께서 지나간 세상에 저 여섯

이교도들과 싸워 그 무리를 빼앗은 일은 어떠했습니까? 자세히 말씀해주십시오."

"명심하고 잘 들으십시오. 과거 헤아릴 수 없는 아승기 겁 이전에 이 남염부주에 마하사구리라는 한 나라의 왕이 있었소. 그는 오백의 작은 나라 왕을 거느리고 오백 명의 부인을 두었소. 그러나 그 뒤를 이을 태자가 없었소, 왕은 가만히 생각하였소.
'나는 차츰 나이를 더해 가는데 왕위를 이을 만한 아들이 없다. 만일 하루아침에 내가 죽게 되면, 여러 왕과 신민들은 명령을 받들지 않고 반드시 군사를 일으켜 백성들을 해침으로써 장차 나라가 어지럽게 될 것이니, 백성들의 고통이 얼마나 심하겠는가.'
이렇게 생각하고는 깊은 근심에 빠져 있었소. 그때에 제석천왕은 멀리서 왕의 근심을 알고, 곧 하늘에서 내려와 한 의원으로 변하여 왕에게 나아가 그 근심하는 까닭을 물었소. 왕은 그 사정을 그에게 이야기하니 의원은 아뢰었소.

'근심하지 마십시오. 나는 왕을 위해 설산에 들어가 여러 가지 약을 캐어 모아 그것을 부인에게 드리겠습니다. 그 약을 먹으면 반드시 아기를 갖게 될 것입니다.'
왕은 이 말을 듣고 근심을 놓으면서 의원에게 말하였소.

'그렇게 할 수 있다면 얼마나 좋겠는가.'

그 의원은 곧 설산으로 들어가 갖가지 약초를 캐어 왕궁으로 돌아와서 젖에 달여 큰 부인에게 주었소. 그러나 큰 부인은 냄새를 싫어하고 또 마음으로 믿지 않아 의원이 하늘로 돌아간 뒤 약을 먹지 않았소. 그래서 다음 부인들이 그것을 나눠 먹었소. 약을 먹은 부인들은 그것을 먹은 지 오래지 않아 아이를 갖게 된 것을 깨닫고, 그 사정을 큰 부인에게 알렸소. 큰 부인은 이 말을 듣고 후회하면서 먹고 난 나머지가 있는가 물었고, 그러나 나머지가 없다는 대답을 듣고 다시 물었소.
'그 약초는 아직 남아 있는가?'
'아직 있습니다.'

곧 명령하여 젖을 가져다 그것을 다시 달여 큰 부인이 먹었소. 큰 부인도 그것을 먹은 지 몇이 안 되어 아이를 갖게 된 것을 알았소. 그때에 여러 부인들이 달이 차서 모두 사내를 낳았는데 얼굴이 뛰어나게 단정하였고. 왕은 그 왕자들을 보고 못내 기뻐하였소.
큰 부인도 달이 차서 사내를 낳았는데, 그러나 그 얼굴은 극히 추해 마치 썩은 나무 그루터기 같았소. 부모는 그것을 보고 마음이 언짢아서 아이 이름을 다라후타(썩은 나무 그루터기란 뜻)라고 지었소. 나이가 점점 들어 다른 형제들도 모두 장가를 들었으나 오직 다라후타만은 생각도 하지 못하였소.

그 뒤에 이웃 나라에서 군사를 일으켜 쳐들어왔소. 두 왕자가 오백 명 신하와 군사를 거느리고 나가 항거하였으나. 첫 싸움에 패해 쫓겨 성으로 들어왔소. 다라후타 왕자는 그 형제들에게 물었소.
'왜 쫓겨 왔습니까? 몹시 황급한 것 같습니다.'
'싸움이 이롭지 못해 적군에게 쫓겨 왔다.'
다라후타는 말하였소.
'그 따위 적군에게 침범을 당할 수 없습니다. 저 천시 안에 있는 우리 선조가 쓰던 큰 활과 고동을 가져다 주십시오. 제가 가서 무찌르겠습니다.'
그 선조란 바로 전륜왕이었소.
곧 여러 사람을 보내 그것을 메고 와서 다라후타에게 주었소. 그가 활시위를 힘껏 잡아 튕기니 그 소리가 우레와 같았고 화살 소리는 사십 리까지 들렸소. 그는 활과 고동을 가지고 혼자서 적진 앞으로 나섰소. 군대가 대치한 곳에 나간 다라후타는 먼저 고동을 불었소. 그 소리가 벽력 같아 적군들이 그 소리를 듣자 혼비백산하여 달아났소. 적군은 물러가고 그는 무사히 돌아왔소.

부왕은 그제야 달리 대우하고 사랑하여 장가를 보내려고 여러 가지 방편을 깊이 생각하였소. 그때에 어떤 나라에 율사발차라는 왕이 있었는데 그에게는 절세미인으로 소문난 딸이 있었소. 마하시구리왕은

사신을 보내 혼인을 청하되 다라후타의 한 형에게
혼인이 성사가 될 때까지 다라후타의 행세를 하게
하였소. 사신이 분부를 받고 가서 왕의 말을 자세
히 전하자 율사발차는 곧 혼인을 허락하였고, 사신
은 왕에게 아뢰었소. 왕은 매우 기뻐하여 곧 수레
와 말을 보내 맞이하여 데리고 왔소. 그리고 왕은
다라후타에게 분부하였소.
'지금부터는 너는 낮에는 절대로 아내를 보지 말고
밤에만 만나라.'

그때에 왕자들의 부인들은 서로 모여 이야기하면서
모두 자기 남편의 갖가지 재주와 덕을 자랑하였소.
그러자 다라후타의 아내도 그 남편을 자랑하면서
말하였소.
'저의 남편은 용맹스럽고 힘이 장사며, 또 몸은 부
드러워 참으로 존경하고 사랑할 만합니다.'
그러자 다른 동서들이 말하였소.
'네 남편의 모양은 흡사 썩은 나무 그루터기 같더
라. 만일 네가 낮에 네 남편을 본다면 깜짝 놀랄
것이다.'
다라후타의 아내는 그 말을 듣고 마음에 새겨 두었
소. 그리고는 미리 등불을 준비하여 으슥한 곳에
감춰 두었다가, 남편이 잠들기를 기다려 등불을 가
져와 그 모양을 보았소. 그는 몹시 놀라고 두려워
그 밤으로 수레를 타고 본국으로 돌아갔소.
날이 밝아 잠에서 깬 다라후타는 아내가 없어진 것

을 발견하고 매우 걱정하면서, 활과 고동을 가지고
그 자취를 쫓아가 그 나라에 이르러, 어떤 대신의
집에 의지해 머물고 있었소.

그때에 여섯 나라의 왕들은 '율사발차의 딸이 뛰어
나게 아름다운데 결혼을 했다가 남편을 버리고 친
정에 돌아와 있다는 말을 듣고 모두 탐내어 군사를
일으켜 모여와 다투어 혼인을 청하였소. 율차발차는
매우 당황하여 신하들을 모아 이 일을 의논하였소.
'만일 한 사람에게만 주면 다른 왕들이 원한을 품
을 것이니, 어떤 방법을 써야 저 흉적들을 물리칠
수 있겠는가?'
어떤 신하가 말하였소.
'따님을 여섯 몫으로 나누어 한 사람에게 한 몫씩
주면 그 욕심을 풀 수 있을 것입니다.'
다른 신하가 말하였소.
'우선 널리 광고를 내십시오. 만일 누구든지 저 군
사를 물리치면 내 딸을 아내로 줄 것이요, 나라를
나누어 같이 다스릴 것이며, 또 거기에 큰 상을 더
주겠다고 하면 될 것입니다.'
왕은 곧 옳다 하고 광고를 냈소.

그때에 다라후타는 곧 활과 고동을 가지고 성을 나
가 여섯 왕들이 진을 치고 있는 적군 앞에 나아가
고동을 불고 활시위를 당겼소. 그 여섯 나라 군사
들은 놀라고 두려워 꼼짝하지 못했소. 그는 군중으

로 들어가 여섯 왕의 머리를 베고 그 관을 빼앗고, 군사를 거두어 거느리고 돌아왔소. 율차발차는 매우 기뻐하여 그 딸을 주고 그에게 나라의 반을 주어 왕을 삼았소. 그는 일곱 나라를 차지한 뒤에 모든 군사와 대중들과 그 아내를 데리고 본국으로 돌아왔소.

부왕은 그가 돌아온다는 말을 듣고 국경까지 나가 맞이하였고, 그리고 그 아들이 거느린 군사와 백성이 매우 많은 것을 보고 곧 그 나라를 아들에게 미루면서 왕이 되기를 권하였소.
그러나 다라후타는 사양하였소.
'아버님이 살아계신데 이치에 그럴 수는 없습니다.'
그는 궁중으로 돌아와 그 아내를 꾸짖었소.
'당신은 왜 나를 버리고 도망갔는가?'
'당신 얼굴이 하도 추하여 처음 보고 놀라서, 사람이 아니라 생각하였습니다.'
다라후타는 거울을 들고 스스로 비추어 보았소. 그 모양은 참으로 썩은 나무 그루터기 같았소. 그는 그만 제 몸이 싫어져서 차마 볼 수가 없었소. 그는 곧 숲속으로 들어가 자살하려 하였소.

그때에 제석천왕은 멀리서 그것을 알고, 곧 내려와 그 사정을 물어보고 그의 마음을 위로하고는 보배 구슬 하나를 주면서 말하였소.
'이것을 항상 네 정수리 상투 밑에 넣어 두면 그

얼굴이 나처럼 단정하게 될 것이다.'

그는 기뻐하면서 곧 그것을 받아 상투 밑에 넣자 몸이 이상해지는 것을 깨달았소. 그는 궁중으로 돌아가 활을 가지고 바깥 놀이를 나가려 하였소. 아내는 그를 보고도 알아보지 못하고 그에게 물었소.

'당신은 어떤 사람이오? 그 활에는 손대지 마시오. 남편이 오면 벌을 줄지 모르오.'

'나는 그대의 남편이오.'

그래도 아내는 믿지 못했소.

'내 남편은 얼굴이 매우 추악한데 당신은 아주 단정하오. 당신은 어떤 사람이기에 내 남편이라 하시오?'

다라후타는 곧 구슬을 뽑고 본래 얼굴을 보여 주었소. 아내는 놀라고 기뻐하면서 물었소.

'어떻게 그렇게 되었습니까?'

그는 구슬의 내력을 이야기하였소.

아내는 그때부터 남편을 존경하고 사랑하였으며, 다라후타라는 이름도 그때부터 없어지고, 다시 이름을 지어 보배구슬이라 하였소.

그 뒤에 보배구슬은 군사를 내어 다시 궁성을 지으려 생각하고, 그는 편편하고 넓은 땅을 택해 신하들에게 명령하였소. 그때에 네 용왕은 사람 형상으로 와서 물었소.

'성을 쌓으려면 어떤 재료를 쓰겠습니까?'

보배구슬은 흙을 쓰겠다고 대답하였소.

'왜 보배를 쓰지 않습니까?'
'성이 큰데 어떻게 그 많은 보배를 구할 수 있겠는가!'
'저희들이 조달하겠습니다.'
곧 사방에 네 개의 큰 우물을 만들고는 말하였소.
'동쪽 우물로 해자를 만들면 유리가 될 것이요, 남쪽 우물로 해자를 만들면 금이 될 것이며, 서쪽 우물로 해자를 만들면 은이 될 것이요, 북쪽으로 해자를 만들면 파리가 될 것이요'
그는 곧 명령하여 해자를 파자 그 말대로 모두 보배물이 콸콸 솟았소. 그 물로써 벽돌을 만들어, 사방 사백리가 되는 성을 쌓았소. 그리고 다시 명령하여 사방 사십 리 되는 궁전을 지었소. 궁성과 거리와 누각과 사택과 숲과 연못은 모두 네 가지 보배로 되어, 장엄하고 아름답고 깨끗하기가 거의 천상과 같았소. 궁성이 이루어지자 다시 일곱 가지 보배가 스스로 이르렀소, 사방의 나라를 모두 통치하면서 백성을 교화하고 선행을 닦게 했소.

대왕이여, 아십시오. 그때의 마하사구리는 바로 지금 나의 아버지 정반왕이요, 어머니는 바로 지금 나의 어머니 마하마야며, 추한 왕자 다라후타는 바로 지금의 나였으며, 그의 부인은 바로 지금의 고피카요, 부인의 아버지는 바로 지금의 저 마하카샤파며, 그 여섯 국왕으로서 **병력**을 가지고 **핍박하여** 여자를 데려가고 싶어 한 이들은 바로 지금의 저

여섯 이교도였소,
그때에 나와 여자를 다투어 내가 그들을 해치고 그 군사를 빼앗았는데. 그들은 오늘에 와서도 명예와 이익을 탐하여 나와 겨루려고 하였으나, 마음대로 되는 술법이 없어 물에 몸을 던져 죽고, 나는 그 무리 구만 명을 거두어 내 제자로 만든 것이오."

그때에 빔비사라왕은 다시 부처님께 사뢰었습니다.
"다라후타는 본래 어떤 업(業)을 지었기에 복덕과 힘이 강하였지만 얼굴은 그처럼 추하였습니까?"
"과거의 헤아리기 어려운 아승기 겁 이전에 이 남염부주에 바라나라는 큰 나라가 있었고, 그 나라에는 신선이 사는 율사라는 산이 있었소. 그때에 산에 어떤 프라데카 부처가 있었소. 그는 풍병이 있어 기름을 먹어야 했기 때문에 어떤 기름집에 갔소.

주인은 성을 내며 꾸짖었소.
'머리는 썩은 나무 그루터기 같고 손발은 수레 굴대 같은 것이 제 힘으로 살려 하지 않고, 남의 물건을 엿보며 돈을 주고 사려 하지 않고 거저 얻으려 하는구나.'
이렇게 나무라면서도 기름을 짜고 남은 찌꺼기를 주었소.
그러나 프라테카 부처는 마음으로 매우 고맙게 여기면서 그것을 받아 둘러매고 갔소. 마침 기름집 부인이 밖에서 오다가 그 프라데카 부처를 보고 마음으로 매우 공경하고 우러르면서 그에게 물었소.
'어디서 오십니까? 그 찌꺼기는 무엇에 쓰려고 하십니까?'
프라데카 부처는 사실대로 대답하였소. 부인은 남편이 원망스럽고 미안하여 그를 도로 모시고 들어가, 그의 발우에 기름을 가득 담아드리고, 남편을 원망하고 꾸짖었소.
'당신은 잘못했습니다. 어떻게 이 찌꺼기를 드립니까? 당신은 뉘우치고 그 말을 사과하십시오.'
주인은 마음으로 뉘우치고 그에게 사과하였소. 그리고 두 부부는 한마음으로 그에게 아뢰었소.
'만일 기름이 필요하면 날마다 와서 가져가십시오.'

그 뒤로 그는 자주 가서 기름을 가져가고는 그 은혜에 감격하여 그 주인 앞에서 신통을 나타내었소. 곧 허공으로 날아올라 몸에서 물과 불을 내뿜고 몸을 나누었다 합했다 하면서 갖가지 변화를 부렸소. 주인 부부는 그것을 보고 매우 기뻐하면서 그를 존경하고 우러르는 마음이 더욱 더하였소. 주인은 그 아내에게 말하였소.
'당신이 기름을 보시한 복으로 그 과보를 같게 되었으니, 앞으로도 계속 부부가 됩시다.'
그러자 아내는 대답하였소.
'당신은 그 도사에게 나쁜 말을 썼고, 또 기름 찌꺼기를 보시하였으니 깨끗한 마음이 없습니다. 그러므

로 태어나는 곳마다 그 얼굴이 추악할 것입니다. 그런데 어떻게 당신과 부부가 되겠습니까?'

남편은 대답하였소.
'내가 항상 고생하여 기름 자료를 쌓아 두었는데, 그대가 어떻게 혼자서 보시할 수 있었겠는가. 만일 나와 부부가 되지 않으면 결코 다른 부부가 되는 것을 허락하지 않을 것이오.'
'만일 당신 아내가 되어 그 추한 꼴을 보게 되면 밤에 당신을 버리고 도망칠 것입니다.'
'아무리 그대가 도망쳐도 나는 쫓아가서 잡고야 말 것이다.'
그 부부는 이렇게 말하고 프라데카 부처에게 몸과 마음으로 귀의하고는 지성으로 참회하였소.

프라테카 부처는 그들에게 말했소.
'그대들이 준 기름으로 내 병은 나았소. 그대들의 소원은 무엇인지 마음대로 말하라. 모두 이루게 하리라.'
그들은 매우 기뻐하면서 꿇어앉아 소원을 말하였소.
'우리 부부로 하여금 천상이나 인간의 어느 곳에 나든지 만사가 뜻대로 되게 해주십시오.'

대왕이여, 아십시오. 그때의 그 기름집 주인은 바로 다라후타요, 그 주인의 아내는 바로 다라후타의 아내였소.

다라후타는 그때에 기름 찌꺼기를 주었지만 프라데카 부처를 보고 '머리는 썩은 나무 그루터기 같고 손발은 수레 굴대 같다'고 혐오하여 말했기 때문에 태어나는 곳마다 처음에는 그 나쁜 말처럼 형상이 추악했고, 그 뒤에 참회하고 좋은 기름으로 보시하기를 즐거워했기 때문에 태어나는 곳마다 얼굴이 도로 단정하게 된 것이오. 또 그 기름을 보시하였기 때문에 항상 힘이 세어 수천만 명이 감당하지 못하였으니, 모두 그 복덕 때문이며 그리고 전륜왕이 되어 사방 나라를 다스리는 복을 받고 다섯 가지 향락을 누렸던 것이오. 선악의 업은 썩지 않는 것이오. 그러므로 중생들은 언제나 도(道)를 생각하고 몸과 말과 뜻을 조심하여 행동을 해야 하오."

부처님께서 이렇게 말씀하실 때 빔비사라왕 등 모든 왕과 신민과 세 무리와 하늘 사람, 용, 귀신들은 부처님 말씀을 듣고 수다원, 사다함, 아나함, 아라한 등을 얻은 이도 있고, 벽지불이 될 좋은 뿌리를 심는 이도 있었으며, 위없는 큰 도에 마음을 내는 이도 있었고, 혹은 물러나지 않는 자리에 앉는 이도 있었고, 그리고 모두 기뻐하면서 힘써 실천하였습니다.

의미없고 열반에 이어지지 않는 천 마디의 구절을 읊조리는 것보다
들어서 마음이 고요해지는 단 한 구절을 읊는 것이 더 낫다네.
전쟁터에서 백만 명을 정복할 수도 있지만, 그러나
제 자신을 정복한 사람이 참으로 위대한 정복자일세.
-붓다, '법구경이야기'

11. 아쇼카왕의 전생

저는 이와 같이 들었습니다.

부처님께서는 슈라바스티(실라벌성)의 기타 숲 급고독원에 계시던 어느 때, 안잔다와 함께 성에 들어가 걸식하시다가, 도중에 아이들이 소꿉놀이 하는 것을 보셨습니다.

아이들은 흙을 모아 집과 창고를 짓고 보물과 곡식을 저장하였습니다. 한 아이가 멀리서 오시는 부처님의 빛나는 모습을 바라보고, 마음으로 공경하고 기뻐하며, 보시할 마음이 생겼습니다. 그는 곧 창고에서 곡식이라 이름 지은 흙을 한 줌 쥐어 부처님께 보시하였습니다. 그러나 키가 작아 손이 발우에 닿지 못하니 한 아이에게 말하였습니다.

"네 어깨 위에 올라가 이 곡식을 부처님께 보시하고 싶다."

그 아이는 매우 기뻐하며 좋다고 대답하였습니다.

아이는 곧 다른 아이의 어깨에 올라가서 부처님께 흙을 바쳤습니다.

부처님은 발우를 낮추고 머리를 숙여 그것을 받아 아난다에게 주시면서 말씀하셨습니다.
"이것을 가지고 가서 내 방바닥에 발라라."
걸식을 마치고 절에 돌아왔습니다. 아난다는 그 흙으로 부처님 방바닥에 발랐습니다. 한 귀퉁이를 바르자 흙이 다 쓰였습니다. 그는 옷을 바르게 하고 부처님께 사실을 사뢰었습니다.

부처님께서 말씀하셨습니다.
"아까 그 아이가 기쁘게 흙을 보시하여 내 방 한 귀퉁이를 발랐다. 그는 이 공덕으로 말미암아 내가 열반한 지 일백 년 뒤에 국왕이 되어 이름을 아쇼카라 할 것이고, 그 다음 아이는 대신이 될 것이다. 이들은 이 남염부제의 모든 나라를 함께 맡아, 삼보를 드러내고 널리 공양을 베풀며, 사리를 펴 남염부주에 두루하고, 또 나를 위해 팔만사천 기의 탑을 세울 것이다."
아난다는 기뻐하며 다시 여쭈었습니다.
"부처님께서는 옛날 어떤 공덕을 지으셨기에 그렇게 많은 탑을 세우게 됩니까?"

"아난다야, 마음을 집중하고 들으라. 오랜 옛날 아승기 겁 이전에 파세기라는 큰 나라의 왕이 있었다.

그는 남염부주의 팔만사천 나라를 맡아 다스리고 있었고, 그때의 부처님 이름은 불사라 하였다. 파세기왕은 여러 신민들과 함께 그 부처님과 비구 스님들에게 네 가지 물건으로써 공양을 올렸고, 한량없이 공경하며 사모하였다.

그때에 왕은 가만히 생각하였다.

'지금 이 큰 나라 백성들은 항상 부처님을 뵈며 예배하고 공양을 올린다. 그러나 그 밖의 작은 나라들은 모두 변방에 치우쳐 있어 그 백성들은 복(福)을 닦을 인연이 없다.

그러므로 부처님 초상을 그려 여러 나라에 널리 보급하여 모두 공양을 올리게 해야 하겠구나.'

그는 이렇게 생각하고 곧 화공들을 불러 불상을 그리게 하였다. 화공들은 부처님 곁에 와서 부처님 상호(相好)를 보고 그렸다. 그러나 한 쪽 모습을 그리고 나면 다른 쪽은 잊어버렸다. 그래서 다시 자세히 보고 붓을 들어 한쪽 모습을 그리고 나면 또 다른 한 쪽 모습은 잊어버려 부처님의 완전한 상호를 그릴 수가 없었다.

그때에 그 불사 부처님은 여러 가지 색채로써 손수 자기 초상화를 그려 본보기로 삼았다. 그제야 화공들은 그것을 본받아 모두 팔만사천 폭의 초상화를 그리니, 아주 깨끗하고 묘하며 단정하기가 그 부처님과 같았다. 그것을 한 나라에 한 점씩 주었다. 그리고 영을 내려 백성들로 하여금 꽃과 향을 마련하여 공양을 올리게 하였다. 여러 국왕과 신민들은 부처님 상을 얻어 기뻐하고 공경하며 받들기를 부처님을 직접 뵌 듯이 하였다.

아난다야, 그때의 파세기 왕은 바로 지금의 나였다. 나는 그때에 부처님의 초상화 팔만사천 점을 그려 여러 나라에 널리 보급하고 사람들로 하여금 공양 올리게 하였으므로 그 공덕을 말미암아 날 적마다 복을 받되 언제나 천상이나 인간의 제왕이 되었고, 태어나는 곳마다 얼굴이 단정하고 아주 묘하였으며, 서른두 가지 거룩한 모습과 여든 가지 특별한 모양을 갖추게 되었고, 또 그 공덕으로 부처가 되었다. 그 인연으로 열반한 뒤에 팔만사천 기의 탑이 세워지는 과보를 얻게 되었느니라."

현자 아난다와 대중들은 부처님 말씀을 듣고 기뻐하며 힘써 실천하였습니다.

12. 현세에 받은 복업

저는 이와 같이 들었습니다.

부처님께서 라자그리하의 대숲 절에서 수 없이 많은 큰 제자들과 함께 계시던 어느 때, 그 나라에 바라문이 있었습니다. 그는 집이 가난하여 돈도 곡식도 없이 곤궁하게 살았습니다.

아무리 부지런히 노력하였으나 가난은 더욱 심하여 입을 것도 먹을 것도 항상 부족하였습니다. 그는 어떤 사람에게 물었습니다.

"지금 이 세상에서 어떤 일을 하면 현세에서 그 복(福)을 받을 수 있는가?"

"너는 모르는가? 지금 부처님께서 세상에 나오셔서 일체 중생을 복으로 건지시고 이롭게 하여 구원을 받지 않은 이가 없다.

또 부처님에게는 큰 제자 네 분이 있는데, 즉 마하카샤파, 마하마우드 갈야야나, 샤리푸트라, 아니룻다들이다. 이 네 어진 분은 항상 가난한 이들을 가엾이 여기고 고통을 받는 중생들을 복되게 한다.

만일 네가 지금 믿고 공경하는 마음을 지니고 음식으로 그분들에게 공양을 올린다면, 현세에서 너의 소원을 이룰 것이다."

그때에 바라문은 그 사람의 말을 듣고 매우 기뻐하
며, 온 나라 안을 돌아다니면서 스스로 노동하여
약간의 돈을 모았습니다. 그것을 가지고 집에 돌아
와 음식을 준비하여 여러 성현을 초청하여 한 번
공양을 올렸습니다. 그리고 일심(一心)으로 정진하
면서 현세에 갚음이 오기를 바랐습니다.
그 바라문의 아내 이름은 편안이었습니다. 그가 존
자들에게 공양을 올릴 때, 여러 큰 제자들은 편안
에게 여덟 가지 재계법을 가르쳐 실천하게 하고는
모두 절로 돌아갔습니다.

그때에 빔비사라왕은 숲에서 놀고 성으로 돌아오다
가 길에서 어떤 사람이 중죄를 짓고 나뭇가지 끝에
결박되어 길가에 세워져 있는 것을 보았습니다.
그는 왕을 보고 슬퍼하면서 먹을 것을 조금 간청하
였습니다. 왕은 그를 가엾이 여겨 곧 먹을 것을 주
겠다고 약속하고 거기서 떠났습니다. 왕은 해가 저
물어 낮의 일을 깜빡 잊었다가 한 밤중에 생각이
났습니다.
"나는 아까 그 죄인에게 먹을 것을 주기로 약속하
였는데 어째서 깜빡 잊었을까!"
곧 사람을 시켜 그에게 밥을 가져다 주라고 하였으
나, 아무도 가려는 사람이 없었습니다.
그들은 모두 이렇게 말했습니다.

"지금은 밤중인데 길에는 아마 사나운 짐승이나 모진 귀신 나찰의 재앙이 많을 것입니다. 차라리 이 자리에서 죽어도 거기는 가지 않겠습니다."

그때에 왕은 그 사람이 받는 고통을 생각하니 마음이 쓰려, 가엾이 여기는 마음으로 다급히 갈 수 있는 사람을 수색했습니다.
"누구든지 사형장 입구 길에서 벌을 받는 사람에게 지금 바로 먹을 것을 배달해 주면 상금 천 냥을 주겠다."
그러나 아무리 수색해도 마땅한 사람이 없었습니다. 그때에 편안은 '만일 어떤 사람이 여덟 가지 재계법을 잘 지키면, 아무리 모진 귀신이나 독한 짐승들이라도 해치지 못한다'는 존자들의 말을 기억하고 생각했습니다.
"우리는 빈궁하고 또 나는 재계법을 받아 지키고 있다. 지금 왕이 찾고 있는 사람은 바로 나로구나. 지금 거기에 가서 천 냥을 벌자."
그리고 곧 가서 자원했습니다.

그때에 왕은 편안에게 말했습니다.
"나를 위해 그에게 밥을 가져다 주고 무사히 돌아오면 너에게 금 천 냥을 주겠다."
편안은 분부를 받고 밥을 가지고 가기로 하고, 지극한 마음으로 재계법을 생각하며 조금도 흩어지지 않았습니다. 그는 성을 벗어나 차츰 멀리 가다가 람바라는 한 나찰 귀신을 만났습니다. 그때에 귀신은 오백 마리 새끼를 낳았는데, 처음으로 몸을 풀고 나서 몹시 굶주리고 목말라 편안을 보자 잡아먹으려 하였습니다. 그러나 편안은 하나도 빠뜨림 없이 재계법을 지켰기 때문에 귀신은 도리어 두려워하였습니다. 굶주림에 시달려 편안이 가지고 있는 음식을 빌었습니다.

"나에게 조금만 나누어 주시오."

편안은 거절하지 않고 조금 주어 구원하였습니다. 음식은 적었으나 귀신의 힘이 있었기 때문에, 그것으로도 배가 불렀습니다.

그때에 나찰은 편안에게 물었습니다.

"당신의 이름은 무엇입니까?"

"내 이름은 편안입니다."

"나는 지금 아이 오백을 낳고 당신 덕에 굶주림에서 벗어날 수 있었습니다. 당신 덕분에 살게 되어 안전하게 되었고, 또 좋은 이름을 들었습니다. 내가 사는 곳에 금 한 돈이 있는데 그것으로써 당신의 은혜에 보답하겠습니다. 잊지 말고 돌아갈 때에 가져가십시오."

귀신은 또 물었습니다.

"당신은 어디로 가십니까?"

"나는 이 음식을 사형장 입구 길에 묶여 있는 죄인에게 주려고 갑니다."

람바는 또 말하였습니다.

"내 여동생이 저 앞에 사는데 이름은 아람바입니다. 만일 만나게 되거든 나를 문안하고, 내가 아들 오백을 낳았으며 몸은 안전하다고 내 사정을 자세히 전해 주십시오."

편안은 그 말대로 길을 따라 가다가 아람바를 만나 곧 안부하고 람바의 사정을 자세히 말하면서, 아들 오백을 낳아 모두 안전하다고 전하였습니다.

그때에 아람바는 그 말을 듣고 매우 기뻐하면서 편안에게 물었습니다.

"당신의 이름은 무엇입니까?"

"내 이름은 편안입니다."

아람바는 듣고 매우 기뻐하면서 말했습니다.

"내 언니가 해산하여 안녕하고 또 당신 이름도 좋으니 얼마나 좋습니까. 지금 내가 사는 곳에 금 한 돈이 있는데 당신에게 드리겠습니다. 잊지 말고 돌아갈 때 가져 가십시오."

그는 또 물었습니다.

"지금 어디로 가려 하십니까?"

"나는 왕을 위해 음식을 가지고 어떤 죄인에게 갑니다."

"내 사내 동생 분나기가 저 앞길에 있습니다. 나를 위해 안부를 전하고 이 누이 뜻을 전해주십시오."

편안은 그를 하직하고 길을 따라 나아갔습니다. 그

말대로 분나기를 만났습니다. 그는 두 누나의 사정을 자세히 이야기 해주었습니다.

"큰 누나는 아들 오백을 낳고 몸이 편안하여 조금도 언짢은 일이 없다."

그때에 분나기는 두 누나가 편안하다는 소식을 듣고 기뻐하면서 다시 편안에게 물었습니다.

"당신 이름이 무엇입니까?"

"내 이름은 '편안'입니다."

"당신 이름이 '편안'이요, 또 내 누님들이 편안하다는 소식을 전해주니 더욱 유쾌합니다. 내가 사는 곳에 금 한 돈이 있는데 그것을 당신에게 드리겠습니다. 잊지 말고 돌아갈 때 가져 가십시오."

편안은 그를 하직하고 길을 따라 가서 사형수를 만나 밥을 주고는 집으로 돌아갔습니다.

그는 금 세 돈을 가져다 집에 두고 다시 왕에게 상금 천냥을 얻으니, 가난을 면하고 곧 부자가 되었습니다.

그 나라 백성들은 그 집에 재물과 보배가 많은 것을 보고 하인이 되려고 몰려와 심부름꾼이 되었습니다.

왕은 그의 복덕이 그러하다는 말을 듣고 곧 궁으로 불러 대신으로 삼았습니다.

그는 이미 왕의 녹을 먹고 또 부자가 되니 부처님을 믿는 마음이 정성되고 독실하여, 복업을 더욱 쌓기 위해 부처님과 스님들을 초청하여 공양을 자주 올렸습니다.
부처님은 스님들과 함께 그의 청을 받고 공양이 끝난 뒤에는 그를 위해 설법하셨습니다. 그는 마음이 열려 수다원과를 얻었습니다.

그때에 대중들과 아난다는 부처님 말씀을 듣고 기뻐하며 힘써 실천하였습니다.

경문을 쓰고 배우며 독송 수지하면
생각마다 부처님을 친견하게 되므로
공덕은 헤아리기 어렵다.
화엄경에 이르길, "모든 공양 중에 법공양이
제일이니라(諸供養中 法供養最)"라고 하였다.
-반주삼매경 심요

13. 무서운 구업(舊業)

저는 이와 같이 들었습니다.

부처님께서 실라벌성의 급고독원에서 여러 비구들을 위하여 설법하고 계시던 어느 때였습니다. 그 나라에 큰 장자가 있었는데, 그는 재물이 한량이 없어 금, 은, 옥 등 일곱 가지 보배가 창고에 가득하였고, 코끼리, 말, 소, 양과 노비와 백성들이 헤아릴 수 없었습니다.

그는 아들이 없고 딸만 다섯이 있었는데 모두 단정하고 총명하였습니다. 그 아내가 여섯째를 임신하고 있을 때, 그 장자는 목숨을 마쳤습니다.

그 나라 법에 가장이 죽고 아들이 없으면 그가 가졌던 재산은 모두 나라에 바치게 되어 있었습니다. 그래서 왕은 대신을 보내어 그 집 재산을 모두 기록하게 하였습니다. 재산이 나라에 들어가게 되었을 때 그 딸들은 생각하였습니다.

'우리 어머니는 임신 중인데 아직 아들인지 딸인지 모른다. 만일 딸이라면 우리 집 재산은 당연히 나라에 들어가겠지만 만일 사내라면 그는 우리 집 재산의 주인이 될 것이다.'

이렇게 생각하고 왕에게 나아가 아뢰었습니다.

"저희 아버지는 아들도 없이 돌아가셨기 때문에 그 재산은 응당 대왕께 바쳐야 합니다. 그러나 지금 저희 어머님이 임신 중이므로 그 해산을 기다려, 딸이라면 그때 가서 재산을 바치더라도 늦지 않을 것입니다. 만일 아들이라면 그가 응당 우리 집 재산의 주인이 되어야 할 것입니다."

프라세나짓왕은 법을 공정하게 집행하기 때문에 그 간청을 옳게 여겨 허락하였습니다. 그 뒤 오래지 않아 달이 차서 아이를 낳았습니다. 그러나 아이 몸은 두루뭉수리가 되어, 귀도 눈도 없고, 입은 있으나 혀가 없으며, 또 손발도 없었지만 남근(男根)은 있었습니다. 그래서 이름을 만자비라라고 지었습니다. 그때에 딸들은 왕에게 가서 이 사실을 아뢰었습니다. 왕은 그 말을 듣고 그 이치를 생각하였습니다.

'눈, 귀, 코, 혀, 손, 발로써 재산의 주인이 되는 것이 아니라, 사내라야 그 재산 주인이 될 수 있는 것이다. 이 아이는 남근이 있으니 응당 아버지의 재산을 이어 받아야 한다.'

왕은 그 딸들에게 말하였습니다.

"재산은 너희들 동생에게 속한다. 나는 가지지 않겠다."

얼마 뒤 큰 딸은 다른 집으로 시집을 갔습니다. 그

녀는 남편을 받들어 섬기되 겸손하고 정성스러워 침구를 깨끗이 떨고 닦거나, 음식을 차리거나, 맞고 배웅하거나, 일어나 절하고 문안하는 것이 마치 종이 상전을 섬기는 것과 같았습니다. 그 이웃집 어떤 장자의 부인이 이것을 보고 이상히 여겨 물었습니다.

"부부의 도는 집집마다 다 있겠지만 당신은 어찌하여 그처럼 남다릅니까?"

여자는 대답하였습니다.

"저의 아버지께서 돌아가셨을 때 재산이 한량 없이 많았지만 딸이 다섯이 있어도 그 재산이 나라에 들어가게 되었습니다. 마침 어머니가 몸을 풀어 동생을 낳았는데, 눈, 귀, 코, 혀와 손발은 없었지만 남근이 있었으므로 친정 집 재산의 주인이 되었습니다. 이런 이치로 볼 때, 아무리 여러 딸이 있었으나 한 사내만 못하기 때문에 그렇게 받드는 것입니다."

그녀는 그 말을 듣고 괴상히 여겨, 그 여자와 함께 부처님께 나아가 사뢰었습니다.

"세존이시여, 저 장자 아들은 어떠한 인연으로 눈, 귀, 코, 혀와 손발이 없으면서도 부잣집에 태어나 그 재산의 주인이 되었습니까?"

"잘 물었소. 자세히 듣고 잘 생각하시오. 그대를 위해 말하겠소."

"예, 경청하겠습니다."

"아득한 옛날에 장자 형제가 있었소. 형의 이름은 단야세질이고, 동생의 이름은 시라세질이었소. 그 형은 젊을 때부터 정직하고 진실하며 항상 보시하기를 좋아하여 가난한 이를 구제하였소. 온 나라 사람들은 모두 그를 신뢰하고 착함을 칭찬하였소. 왕은 그를 나라의 평사(平事)로 삼아, 송사(訟事)의 시비, 곡직을 그로 하여금 판결하게 하였소. 그때에 그 나라 법에는 빌려주고 받는데 있어서 아무 증거도 없었고, 모두 평사 단야세질이 증인을 서게 하였소.

어느 때 어떤 상인이 보배를 구하기 위하여 바다에 들어가려고 준비하기 위해 평사의 아우 시라세질에게 많은 돈을 꾸게 되었소. 시라세질에게는 아직 어린 외아들이 있었소. 그는 그 아들과 한 자리에서 돈을 내어주며, 증인인 형 평사에게 말했소.
'형님, 이 상인은 내게 돈을 꾸었는데 바다에 갔다 돌아오면 갚을 것입니다. 형님은 나를 위해 증인이 되어주십시오. 만일 내가 죽거든 내 아들이 그 돈을 받게 해 주십시오.'
평사는 손가락으로 돈을 가리키면서 그렇게 하겠다고 약속하였소.

그 아우 장자는 오래지 않아 목숨을 마쳤소. 그때에 그 상인은 배를 타고 바다에 들어갔다가 풍랑을 만나 배가 부서졌소. 그는 널빤지를 붙들고 겨우 살아나 본국으로 돌아왔습니다. 장자 시라세질의 아들은 배가 부서져 빈손으로 돌아온 그를 보고 가만히 생각하였소.

'저이는 아버님에게 빛을 졌지만 지금 저처럼 곤궁하니 무엇으로 빛을 갚을 수 있겠는가.'

그 상인은 다른 상인과 함께 다시 큰 바다에 들어가 많은 보배를 얻어 무사히 돌아와 혼자서 생각하였소.

'저 장자 아들은 전날 나를 보았어도 내게 빛을 독촉하지 않았다. 내가 돈을 빌려 쓸 때 저 사람은 어렸으니 혹 기억하지 못하는가? 혹은 전날에 내가 곤궁했기 때문에 독촉하지 않았던 것인가. 내가 시험해 보아야하겠다.'

그 상인은 화려한 옷을 입고 좋은 말을 온갖 보배로 꾸며 타고 저자로 들어갔습니다.

장자 아들은 그처럼 아름다운 옷과 말을 보고 생각하였습니다.

'저 사람은 재물을 가지고 돌아온 것 같다. 시험해 빛을 독촉해 보리라.'

곧 사람을 보냈소.

'당신은 아버지께 빛을 졌으니 이제 갚아야 합니다.'

'천천히 갚도록 하겠소.'

상인은 생각하였습니다.

'빛이 훨씬 많아졌다. 이자에 이자를 겹치면 갚기에

힘이 부친다. 이제 꾀를 써서 청산해야겠다.'

그는 보배 구슬 하나를 가지고 평사 부인에게 가서 아뢰었소.

'형수님, 내가 전날 시라세질에게 돈을 주금 꾸었더니 그 아들이 내게 와서 빚을 독촉합니다. 이 구슬은 십만 냥의 가치가 있는데 이것을 드리겠습니다. 그가 만일 내게 빚을 독촉하거든 평사 형님께 부탁하여 증인이 되지 말아달라고 말해 주십시오.'

그 부인은 구슬을 받고 말하였소.

'장자는 정직하고 진실해서 반드시 듣지 않으실 것입니다. 그러나 시험삼아 말해보겠습니다.'

날이 저물어 평사가 돌아오자 부인은 곧 그 말을 아뢰었습니다.

장자는 말하였소.

'어떻게 그런 일이 있을 수 있겠소. 내가 정직하고 진실하여 거짓말을 하지 않기 때문에 왕은 나를 이 나라의 평사로 삼았는데, 한번이라도 거짓말을 한다면 그것은 옳지 않소.'

이튿날 상인이 왔습니다. 부인은 그 사정을 이야기하고 곧 그 구슬을 돌려주었습니다. 상인은 다시 이십만 냥의 가치가 있는 구슬 하나를 더 주면서 말했습니다.

'형수님, 부탁이 꼭 이뤄지도록 해주시기를 바랍니다. 이것은 조그만 일입니다. 말 한마디에 삼십만 냥을 얻는 것입니다. 만일 저쪽이 이긴다면 그가 비록 조카이지만 형수씨에게는 한 푼도 없을 것입니다. 이런 이치는 세상에 다 통할 것입니다.'
그때에 그 부인은 보배구슬이 탐이 나 그것을 받았소.
저녁이 되어 다시 남편에게 말했소.
'어제 드린 말씀은 될 수 있는 일입니다. 유념하시기 바랍니다.'
'절대 그럴 수 없소. 나는 진실한 것으로써 평사가 되었소. 만일 한 번이라도 거짓말을 한다면 현세에서는 세상의 신용을 받지 못할 것이요, 후세(後世)에서는 한량 없는 겁에 고통을 받을 것이오.'

그때에 장자에게는 외아들이 있었는데 걷지 못하였소. 그 부인은 울면서 말하였소.
'저는 지금 당신과 부부로서 비록 죽는 일이 있더라도 서로 어기지 않기를 바라고 있습니다. 그런데 지금 이 부탁은 조그만 일입니다. 말 한 번이면 될 일을 들어주지 않으신다면 제가 살아서 무엇 하겠습니까? 만일 내 뜻을 따라주지 않는다면 먼저 저 불쌍한 저 아이를 죽이고 저도 죽겠습니다.'
장자는 이 말을 듣고 마치 목구멍에 무엇이 걸려 삼키지도 못하고 뱉지도 못하는 것 같아서 가만히 생각하였소.
'내게는 이 아들 하나뿐이다. 만일 이 애가 죽으면 내 재산을 물려줄 데가 없어질 것이다. 그렇다면

아내 말대로 하면 지금부터는 남의 신용도 얻지 못
하고 저승에서는 한량 없는 고통을 받을 것이다.'
이렇게 고민하던 끝에 말했소.
'그렇게 하겠소.'
그 아내는 못내 기뻐하여 그 상인에게 말하였소.
'장자가 허락하였소.'

상인은 그 말을 듣고 기뻐하면서 집으로 돌아갔소.
그는 큰 보배 옷을 입고 온갖 보배로 장식한 큰 코
끼리를 타고 저자로 들어갔소. 시라세질의 아들은
그를 보고 기쁘게 생각하면서 혼자 중얼거렸소.
'저이의 저런 옷과 코끼리를 보면 틀림없이 부자가
된 것이다. 나는 이제 돈을 받을 수 있겠구나.'
'상주님, 전날 아버님께 진 빚을 이제 갚아 주십시
오.'
상인은 놀라는 척 하면서 말하였소.
'나는 전혀 기억이 나지 않는다. 언제 너에게 빚을
졌던가. 만일 빚을 졌다면 그 증인은 누구인가?'
그는 말하였소.
'어느 해 어느 달 어느 날 우리 아버님과 제가 직
접 당신에게 돈을 주었고, 평사님이 우리를 위해
증인이 되셨는데 왜 모른다고 하십니까?'
'나는 지금 기억이 나지 않는다. 만일 그것이 사실
이라면 당연히 갚아야지.'
바로 두 사람은 평사에게 가서, 장자의 아들은 말
하였소.

'상주님이 전날 저의 아버님에게 돈 얼마를 빌려갈 때, 평사님께서 증인이 되고 저도 보았습니다. 그렇지 않습니까?'

평사는 말하였소.

'나는 모르는 일이다.'

조카는 깜짝 놀라면서 말했소.

'평사님께서는 분명히 듣고 보시지 않았습니까? 그리고 손과 발로 그 돈을 가리키면서 틀림없다고 말씀하시지 않았습니까?'

'그렇게 한 일을 기억할 수 없구나.'

조카는 분개하며 말했소.

'평사님께서는 충성스럽고 진실하기 때문에 왕이 평사를 시켰고, 또 사람들이 신용합니다. 조카에게까지 이처럼 법답지 않은데, 더구나 다른 사람으로서 원통한 사람이 얼마나 많겠습니까? 그러나 이 사실의 옳고 그름은 뒷세상 사람이 저절로 알 것입니다.'

부처님께서 장자에게 이어 말씀하셨습니다.

"알아야 하오. 그때의 평사 장자는 바로 지금의 그 귀도 눈도 없는 두루뭉수리요. 그는 그때의 한번 거짓말로 말미암아 큰 지옥에 떨어져 많은 고통을 받았고, 그 지옥에서 나와서는 오백 세상 동안 내내 두루뭉수리의 몸을 받았소.

그러나 그때 그는 보시하기를 좋아하였기 때문에 항상 부호 집에 태어나 많은 재물의 주인이 되었소. 이와 같이 선악(善惡)의 갚음은 아무리 오래 되어도 없어지지 않소. 그러므로 부디 부지런히 노력하며 몸과 말과 뜻을 잘 단속하여, 함부로 악을 짓지 말아야 합니다."

그때에 대중들은 부처님 말씀을 듣고 첫째 결과에서 넷째 결과까지 얻는 이도 있었고, 위없는 보리심을 내는 이도 있었고, 모두 기뻐하면서 보시를 실천하고 거짓말을 하지 않았습니다.

14. 스님이 된 임금들

이와 같이 들었습니다.

부처님께서 슈라바스티의 급고독원에 계시던 어느 때, 그 나라 왕의 이름은 프라세나짓이었습니다.

남방에 금지(金地)라는 나라의 왕 이름은 겁빈녕이 었고, 왕에게 태자가 있었는데 이름은 마하겁빈녕이 었습니다. 그 부왕이 죽고 태자가 왕위를 이어 받 았습니다. 그는 총명하고 힘이 세어 용맹스러웠으 며, 다스리는 나라는 삼만육천이요, 군사가 많아 대 적할 이가 없었습니다. 그래서 위풍이 멀리 떨쳐져 항복하지 않는 이가 없었습니다. 그러나 중토(中土) 와는 서로 국교가 없었습니다. 그 뒤에 중토(中土) 의 어떤 상인은 금지국으로 가서 고운 모직 네 필 을 그 왕에게 바쳤습니다.

왕은 그것을 받고 상인에게 물었습니다.

"이 천은 아주 좋다. 어디서 나는 것인가?"

"중토에서 나는 것입니다."

"그 중토란 이름이 무엇인가?"

"라자그리하, 코삼비, 슈라바스티 등 그 수가 너무 많아 이루 다 말할 수 없습니다."

왕은 다시 물었다.
"중토의 여러 왕들은 왜 내게 조공을 바치지 않는가?"
"제각기 국토를 차지하고서 위엄과 명성이 서로 비슷하기 때문에 와서 받들지 않는 것입니다."

왕은 가만히 생각하였습니다.
'지금 내 세력은 모든 천하를 지배할 수 있는데, 어찌하여 저 왕들은 와서 조공을 바치지 않는가. 이제 위력을 가하여 저들을 항복받겠다.'
다시 상인에게 물었습니다.
"중토의 왕 중에는 어느 왕국이 제일 큰가?"
"슈라바스티 왕국이 제일 큽니다."

금지왕은 곧 사자에게 글을 주어 슈라바스티 나라에 보내되 이유를 낱낱이 들어 프라세나짓왕에게 말하였습니다.
"내 위풍은 이 남염부주를 휩쓸거늘, 그대는 무엇을 믿고 할 일을 이행하지 않는가? 이제 일부러 사자를 보내어 그대에게 고하노라. 그대가 누웠을 때 내 말을 들으면 곧 일어나 앉아야 하고, 앉았을 때 들으면 곧 일어서야 하며, 밥 먹을 때 들으면 곧 밥을 뱉어야 하고, 목욕할 때 들으면 머리를 움켜쥐어야 하며, 만일 섰을 때 들으면 곧 달려와야 한다. 앞으로 이레 뒤에는 나와 만나야 한다. 만일 그렇지 않으면 나는 군사를 일으켜 그대의 나라를 쳐

부수리라."

왕은 이 글을 보고 몹시 놀라, 곧 부처님께 나아가 이 사실을 자세히 사뢰었습니다. 부처님은 왕에게 말씀하셨습니다.
"왕은 돌아가 그 사자에게 말하시오. '나는 크지 않다. 나보다 더 큰 왕이 있다' 라고."
왕은 부처님 분부를 듣고 그 사자에게 말하였습니다.
"이 세상에서 제일 거룩한 왕이 이곳 가까이 계신다. 너는 거기 가서 네 왕의 명령을 전하여라."
사자는 곧 기타 숲 급고독원으로 갔습니다.

그때에 부처님께서는 그 몸을 전륜성왕으로 변화시키고, 마우드갈야야나를 대장으로 삼으시고, 일곱 가지 보배와 그 시종들을 낱낱이 갖추었습니다. 또 절을 변화시켜 보배성이 되게 하고, 성 둘레 사방에는 일곱 겹 연못을 만들었습니다. 그 사이에는 일곱 가지 보배나무를 줄을 지어 세우고, 헤아릴 수 없는 잡색 연꽃의 빛나는 광명은 찬란하게 비추었고, 궁전은 온갖 보배로 되었고, 왕은 그 궁전 위에 앉아 존엄하기가 그지없었습니다. 그때에 사자는 변화로 만든 성으로 들어가, 한번 대왕을 바라보자, 곧 놀라고 두려워하여 가만히 생각하였습니다.
'우리 왕은 공연히 재앙을 불렀다. 그러나 할 수 없다.'

그리고는 글을 내보였습니다. 부처님이 화한 왕은 글을 받아 다리 밑에 집어넣고 그 사자에게 말하였습니다.

"나는 대왕으로서 온 천하를 통솔하거늘, 너의 왕은 완고하고 미욱하여 감히 나를 거역했다. 너는 빨리 돌아가 내 명령을 전하라. 이 글이 닿는 날로 곧 달려와야 한다. 누웠을 때 내 명령을 들으면 일어나 앉아야 하고, 앉았을 때 들으면 서야 하며, 섰을 때 들으면 곧 달려오라. 기일을 이레로 정하노니 조금도 지체 말라. 만일 감히 이 기약을 어기면 벌은 언제 갈지 모르리라."

그 사자는 분부를 받고 본국으로 돌아가 보고 들은 것을 자세히 금지왕에게 아뢰었습니다. 왕은 그 명령을 받고 스스로 잘못을 뉘우쳤습니다. 여러 작은 나라 왕들을 모아 거느리고 수레와 말을 준비해 가지고 와서 대왕에게 조회하려 하였습니다.

그러자 다소 미심쩍은 일이 있어 곧 떠나지 않고, 먼저 사자를 보내어 대왕에게 아뢰었습니다.

"신(臣)이 거느린 작은 나라의 왕은 모두 삼만육천 명이온데, 모두 가야 합니까? 반만 데리고 가야 합니까?"

"반은 거기 머물러 있기를 허락한다. 반만 데리고 오너라."

그때에 금지왕은 작은 왕 일만팔천 명을 거느리고

한꺼번에 도착하였습니다. 그는 변화한 왕을 뵈옵고 예배한 뒤에 가만히 생각하였습니다.

'이 대왕은 형상은 나보다 훌륭하지만 힘은 나보다 못하리라.'

그때에 변화한 대왕은 곧 병사들에게 명령하여 활을 가져다 그에게 주었습니다. 그러나 금지왕은 그것을 들지 못하였습니다. 변화한 왕은 활을 받아 두 손의 엄지와 지지로써 활대와 시위를 벌려보고, 다시 그에게 주면서 활시위를 당겨 보라고 하였습니다.

금지왕은 당연히 당길 수 없었습니다. 변화한 왕은 다시 시위를 잡았다 놓으니 삼천대천 세계가 모두 그 소리에 진동하였습니다. 다시 화살을 가져다 활시위를 잡아 당겨 쏘니, 화살은 손을 떠나자 모두 다섯으로 변하여, 그 화살 끝마다 무수한 광명을 내며 그 광명 끝에는 모두 연꽃이 있어 크기는 수레바퀴 같고, 그 낱낱 꽃 위에는 각각 한 전륜왕이 있었습니다. 그 전륜왕이 일곱 가지 보배 광명을 쏘아 놓으니, 삼천대천 세계를 두루 비추었습니다. 그래서 다섯 갈래 중생들이 모두 그 힘을 입었습니다. 저 하늘 세계에서는 그 광명을 보거나 설법을 듣고는 몸과 마음이 청정해져 도(道)의 결과를 얻되, 둘째, 셋째의 도를 얻는 이도 있었고, 위없는 바르고 참된 도를 성취하려는 마음을 내는 이도 있었으며, 또 물러나지 않는 자리에 머무는 이도 있었습니다.

인간세계의 중생들은 부처님 광명을 보고 그 설법을 듣고는 첫째, 둘째, 셋째의 도를 얻는 이와 집을 떠나 불법(佛法)에 들어가 아라한이 되는 이도 있었으며, 위없는 바르고 참된 도(道)를 성취하려는 마음을 내고 물러나지 않는 자리에 머무는 이도 있어, 그 수는 이루 다 셀 수 없었습니다.

또 아귀(餓鬼)로 있는 중생들은 부처님 광명을 보고 설법을 듣고는, 모두 배가 부르고 몸과 마음이 청정해져 고뇌도 없어지고 모두 사랑하는 마음을 내었습니다. 그래서 부처님을 공경하고는 해탈을 얻어 인간이나 천상에 났습니다.

또 축생(畜生)으로 있는 중생들은 부처님 광명을 보고, 탐욕과 성냄의 독이 모두 소멸되고, 어리석고 어두운 마음에서 바로 깨어나, 모두 기뻐하였습니다. 그래서 부처님을 믿고 공경하고 해탈을 얻어 인간이나 천상에 났습니다.

또 지옥(地獄)에 있는 중생들은 부처님 광명을 보고는, 추위는 곧 따뜻해지고, 더위는 시원해져서 받던 고통에서 벗어나 몸과 마음이 즐거워졌습니다. 그래서 부처님을 사랑하고 공경하고 곧 해탈을 얻어 인간이나 천상에 났습니다.

그때에 마하겁녕왕과 금지국의 팔만사천 작은 왕들은 이 신변(神變)을 보고는, 마음으로 믿고 항복하고 번뇌에서 멀리 떠나 법 눈이 깨끗하게 되었습니다. 잠깐 동안에 부처님께서 신력을 거두고 본래 형상대로 돌아오니 여러 비구들이 앞뒤로 둘러쌌습니다.

금지왕 무리들이 출가할 것을 구하자, 부처님은 곧 하락하셨습니다. 그들의 수염과 머리는 저절로 떨어지고 가사가 몸에 입혀졌습니다. 그들은 묘한 법을 생각하고는 곧 아라한이 되었습니다.

아난다가 부처님께 여쭈었습니다.

"저 금지국의 왕은 전생에 어떤 덕을 닦았기에 부귀한 집에 태어나 그 공덕이 높고 컸으며, 또 부처님 세상을 만나 빨리 번뇌가 없게 되었습니까?"

"중생은 그가 실천한 업에 따라 그 갚음을 받는 것이다. 옛날에 카샤파 부처님이 열반에 드신 뒤에 어떤 장자는 탑을 세우고 절을 짓고, 네 가지로 공양을 올렸다.

세월이 지나자 그 탑은 무너지고 좌구와 의복과 음식도 끊어졌다. 그 장자의 아들은 비구가 되어 사람들에게 시주를 권하여 사람들로 하여금 쓰임새를 절약하여 탑을 수리하게 하고, 또 음식과 좌구 따위를 마련하였다. 여러 사람들은 마음을 모아 모두 공양을 올리고 이내 서원을 세웠다.

'미래 세상에서 부귀하고 장수하며 부처님 세상에 만나 법을 듣고 도(道)를 깨달으리라.'

이렇게 지은 행의 갚음은 없어지지 않고 모두 결과를 성취하게 되었느니라."

부처님께서 계속 말씀하셨습니다.

"그때의 그 장자 아들 비구는 바로 지금의 왕 마하겁빈녕이요, 백성들로서 교화를 받은 이들은 바로 지금의 이 일만팔천의 여러 작은 왕들이니라."

부처님께서 이 법을 말씀하실 때 거기 모인 대중들은 법을 듣고, 도(道)를 깨달아 얻고 마음을 내어 물러나지 않았습니다.
그리고 지극한 가르침을 받아 가지고 기뻐하며 받들어 실천하였습니다.

15. 아난다의 전생(前生)

저는 이와 같이 들었습니다.

부처님께서 슈라바스티의 급고독원에 계시던 어느 때, 여러 비구들은 모두 궁금해 했습니다.

'현자 아난다는 전생에 어떤 일을 했기에 부처님 말씀을 들으면 하나도 잊어버리지 않는 기억력을 가지고 있을까?'

그들은 부처님께 나아가 사뢰었습니다.

"현자 아난다는 본래 어떤 복을 지었기에 저런 한량 없는 기억력을 얻었습니까? 부처님께서는 말씀해 주시기 바랍니다."

"자세히 듣고 명심하여라. 그런 기억력은 모두 복덕으로 말미암아 얻었느니라.

까마득한 옛날 아승기 겁 이전에 어떤 비구가 한 사미를 돌보면서 항상 엄하게 명령하여 경전을 외우게 하였다. 날마다 일과로 사미가 경전을 잘 외우면 매우 기뻐했으나 잘 외우지 못하면 몹시 꾸짖었다. 그래서 그 사미는 경(經)을 잘 외우지 못할까 늘 걱정하였다. 더구나 먹을 것의 준비가 없기 때문에, 만일 걸식하러 나가 밥을 빨리 얻어먹으면

경(經)을 충분히 외울 수 있었지만 걸식이 더디게 되면 경(經)을 충분히 외우지 못하였다. 그래서 충분히 외우지 못하면 반드시 호된 꾸지람을 받을 것이라 생각하고, 근심하고 번민하면서 울고 다녔다. 그때에 어떤 장자는 그가 우는 것을 보고 그를 불러 물었다.

'스님은 어디가 아파서 웁니까?'
사미스님은 대답하였다.
'장자님, 우리 스승님은 저에게 경을 외우게 하되, 날마다 정한 과정을 잘 외우면 기뻐하시지만, 만일 잘 외우지 못하면 몹시 꾸중을 하십니다. 제가 걸식하러 나가 밥을 빨리 얻으면 경을 충분히 외울 수 있지만, 만일 밥을 더디게 얻으면 잘 외우지 못합니다. 그래서 제가 근심하는 것입니다.'

그때에 장자는, 사미스님에게 말하였다.
'지금부터는 우리 집에 오십시오. 제가 늘 음식을 대주어 걱정하지 않게 할 것이니, 밥을 자시고 부지런히 경을 외우도록 하십시오.'
그러자 사미는 그 말을 듣고, 감사하는 마음으로 부지런히 공부할 수 있어, 정한 과정을 줄이지 않고 날마다 잘 외웠고, 그때부터 스승과 제자가 모두 기뻐하였느니라."

부처님은 이어 비구들에게 말씀하셨습니다.

"그때의 스승은 바로 정광불(定光佛)이요, 그 사미는 바로 나였으며, 음식을 베푼 장자가 바로 지금의 아난다니라. 그는 과거에 공부하는 사미에게 그런 선행을 했기 때문에 지금 한번 들은 것은 하나도 잊어버리지 않는 기억력을 가지게 되었느니라."

그때 비구들은 부처님 말씀을 듣고, 기뻐하며 힘써 실천하였습니다.

불자들이여, 자비로운 마음으로 방생의 업을 행하라.
모든 남자는 한때 나의 아버지였고
모든 여자는 한때 나의 어머니였다.
내가 세세생생 그들을 따라 몸을 받지 않은 적이 없었으니
고로 육도의 중생은 모두 나의 부모이다. 그러므로
중생을 죽여서 먹는 것은 곧 나의 부모를 죽이는 것이다.
- 범망경

16. 아버지를 죽인 아들

저는 이와 같이 들었습니다.

부처님께서는 슈라바스티의 급고독원에 계시던 어느 때였습니다. 어떤 노인은 일찍이 아내를 잃고, 혼자 아들과 함께 곤궁하게 살다가 세상의 덧없음을 깨닫고 집을 떠나려고 부처님께 나아가 도(道)에 들어가기를 간청하였습니다.

부처님은 그를 가엾이 여겨 곧 출가를 허락하셨습니다. 그때에 그 아버지는 비구가 되고, 그 아들은 어리기 때문에 사미가 되어, 늘 그 아버지와 함께 마을에 들어가 걸식하고 저물어야 돌아왔습니다.

어느 때, 그들은 어떤 궁벽한 먼 마을에 가서 걸식하고 저물어서야 돌아왔습니다. 아버지는 늙었기 때문에 걸음이 느려, 아들은 온갖 독한 짐승들이 무서워 급히 아버지를 부축하여 밀고 가다가 단단히 잡지 못해, 그만 아버지를 땅에 넘어뜨렸습니다. 그 아버지는 불행하게도 머리를 돌에 부딪쳐 죽었습니다. 아들이 아버지를 죽인 꼴이 되었습니다. 아버지가 죽은 뒤에 아들은 혼자 부처님께 갔습니다. 비구들은 그 사미에게 물었습니다.

"너는 아침에 네 스승(아버지)과 함께 걸식하러 마을에 나갔는데, 지금 네 스승은 어디 있느냐?"
사미는 대답하였습니다.
"저는 아침에 스승님과 함께 마을에 나가 걸식하고 해가 저물어 돌아오는데, 스승님의 걸음이 느렸습니다. 그때 저는 독한 짐승들에 대한 두려움이 생겨 스승님을 급히 밀었습니다. 미는 손의 힘이 너무 강해 스승님이 땅에 넘어졌는데, 저의 스승님은 머리를 돌에 부딪쳐 길에서 돌아가셨습니다."

여러 비구들은 그 사미를 꾸짖었습니다.
"너는 아주 나쁜 놈이다. 아버지를 죽였고 동시에 스승을 죽였다."
그들은 곧 부처님께 나아가 사뢰자, 부처님께서 말씀하셨습니다.
"그 스승이 죽었지만 그것은 악의에서 온 행동은 아니다."
곧 사미에게 물으셨습니다.
"너는 네 스승을 죽였느냐?"
"저는 진실로 죽였습니다. 그러나 일부러 죽인 것이 아닙니다."
부처님께서 그 말을 듣고 옳다 하시며 말씀하셨습니다.
"그렇다, 사미야. 나는 네 마음을 안다. 네게는 악의가 없었다. 지나간 세상에는 네가 지금과 같이 악의 없이 죽은 일이 있었느니라."

그때에 비구들은 부처님 말씀을 듣고 이내 여쭈었습니다.
"알 수 없습니다. 세존이시여, 지나간 세상에 이 두 부자에게 어떤 인연이 있었기에 서로 죽였습니까?"

"자세히 들어라. 너희를 위해 설명하리라.
과거의 한량 없는 아승기 겁 이전에 부자(父子)가 한집에 살고 있었다. 그때에 아버지는 병이 중하여 누워 있었는데, 잠들려 하면 파리가 와서 괴롭게 하였다. 아버지는 그 아들을 시켜 파리를 쫓게 하고, 편하게 잠들어 피로를 풀려고 하였다. 아들은 파리를 쫓았으나 파리는 그치지 않고 자꾸 왔다. 아들은 화가 나서 큰 몽둥이를 가지고 파리를 기다려 죽이려 하였다.
파리는 자꾸 아버지 이마에 오기 때문에 그는 몽둥이로 파리를 때리려다가 그만 아버지를 죽였다. 그러나 그때에도 악의(惡意)는 아니었느니라.
비구들아, 그때의 그 아버지는 바로 이 사미요, 그때의 몽둥이로 아버지의 이마를 때린 아들이 바로 지금 죽은 비구니라. 그때에 그 아들은 몽둥이로 아버지를 죽였으나 악의가 아니었기 때문에, 지금의 그 갚음도 일부러 죽인 것이 아니니라."

그 뒤에 그 사미는 게으르지 않고 부지런히 공부하여 마침내 아라한(阿羅漢)이 되었습니다. 그때의 비구들은 부처님 말씀을 듣고 모두 마음으로 믿고 이해하고 기뻐하였습니다.

살생과 불살생의 과보

살생하는 사람은 금생과 내생에 갖가지 몸과 마음의 고통을 받게 되며,
살생하지 않는 사람은 이러한 여러 액난이 없으니 이것이 큰 이익이다.
아울러 망령을 천도하고 장례를 치르거나 재난을 소멸하기 위해서는,
모두 살생을 금하고 방생하는 것으로 복을 구해야 하며,
도와 배치되게 행해서는 안 된다.
그러면 헛되이 망자에게 업장을 더하게 된다.
- 대지도론

17. 앙굴라마라(손가락 다발)의 악업 1

저는 이와 같이 들었습니다.

부처님께서 슈라바스티의 기타 숲 급고독원에 계시던 어느 때, 그 나라 왕의 이름은 프라세나짓이었습니다. 그 나라의 어떤 재상은 매우 총명하였으며 큰 부자였습니다. 재상의 아내가 아들을 낳았는데, 얼굴은 단정하고 몸은 뛰어났습니다.

재상이 아기를 보고 매우 기뻐하여, 곧 관상가를 불러 상을 보게 하니, 관상가는 아기 상을 보고 매우 기뻐하면서 말하였습니다.

"이 아기의 복된 상은 사람 중에서 뛰어나고 총명하고 지혜로우니 일반 사람보다 뛰어난 덕이 있을 것입니다."

재상이 그 말을 듣고 매우 기뻐하면서 이름을 지으라고 하니, 그는 물었습니다.

"이 아기를 잉태했을 때 어떤 이상한 일이 있었습니까?"

"그 어머니는 본래 성질이 선량하지 않았는데, 아기를 잉태한 뒤에 보통 때와 아주 달라졌소. 심성(心性)이 공손하고 남에게 베풀기를 즐겨하며, 남의 불행을 가엾이 여기고 남의 허물은 말하지 않았소."

"그것은 이 아이의 뜻입니다. 그러하니 이름을 무뇌(無惱: 번뇌가 없음)라 하소서."

아기는 차츰 장성하자, 용기가 뛰어나고 힘이 장사여서 혼자 일천 명을 대적할 만하였습니다. 날쌔기는 나는 새를 붙잡았고, 빠르기는 달아나는 말보다 빨랐습니다. 그래서 그 아버지는 그를 매우 사랑하였습니다.

그때에 그 나라에 어떤 바라문이 있었는데 그는 총명하여 두루 통달하고, 많이 듣고 널리 알았습니다. 그에게는 오백 명 제자가 있어 그를 따라 공부하고 있었습니다. 그래서 재상은 아들을 데리고 가서 그에게 맡겨 공부를 시켜 달라고 하니 바라문은 승낙하고 그를 받아 가르쳤습니다.

무뇌는 밤낮으로 부지런히 공부하여, 하루 물어 배우는 것이 다른 이가 일년 동안 배운 것보다 나았습니다. 그래서 공부한 지 얼마 되지 않아 모든 것을 두루 통달하였습니다. 그 스승도 특별히 대우하여 가거나 오거나 항상 함께 있었고, 그 제자들도 마음을 기울여 우러러 공경하였습니다.

그때에 그 스승의 아내는 그의 단정한 얼굴과 빼어난 재질이 남보다 훨씬 뛰어난 것을 보고, 속으로 엉큼한 생각을 품었는데, 그 생각이 마음에서 떠나지 않았습니다. 그러나 여러 제자들이 항상 그 주위에 있어 그가 혼자 있는 때가 없기 때문에 하소연하고 싶었으나 기회가 없었습니다. 속마음을 풀길이 없어 항상 근심하고 안타까워하였습니다.

마침 어떤 시주가 그 스승과 제자들을 초청해 석달 동안 공양을 베풀겠다고 했습니다. 바라문은 가만히 그 부인과 의논하였습니다.

"나는 지금 석달 동안 초청을 받아 떠나야 하는데, 한 제자만 남겨 두어 이곳의 일을 보살피게 하겠소."

아내는 속으로 기뻐하면서 말하였습니다.

"그렇게 하십시오. 그런데 떠나신 뒤에 집일이 중요하오니, 재주와 능력이 있는 무뇌 제자에게 뒷일을 부탁하심이 좋을 듯합니다."

그래서 바라문은 곧 무뇌에게 분부하였습니다.

"나는 지금 저 시주의 초청을 받아 간다. 이곳의 일이 매우 많아 누군가가 보살펴야 하겠는데, 너는 재주와 능력이 있으니, 나를 위해 뒷일을 돌봐다

오."

무뇌는 분부대로 함께 가지 않고 머무르기로 하였고, 스승은 다른 제자들을 데리고 길을 떠났습니다.

바라문의 아내는 마음이 느긋하고 한량 없이 기뻤다. 매우 아름답게 단장하고 아양을 떨면서 무뇌에게 말을 걸어 그 마음을 흔들어 보았습니다. 그러나 그는 뜻이 굳어 그녀의 유혹에 조금도 흔들림이 없었습니다. 그녀는 욕정이 더욱 왕성하여 진정을 하소연하였습니다.

"나는 당신을 사모한 지 오래되었습니다. 그러나 여러 사람들 등살에 속마음을 털어놓지 못했습니다. 그래서 당신 스승이 떠날 때에 내가 일부러 당신을 붙들어 둔 것입니다. 이제는 아무도 없으니 내 간청을 들어 주시오."

그는 거절하면서 타일렀습니다.

"우리 바라문법에는 사모님과 음행(淫行)하지 않습니다. 만일 그 잘못을 범하면 그는 바라문이 아닙니다. 그러므로 차라리 목을 잘라 죽을지언정 그런 짓은 하지 않겠습니다."

그녀는 기다린 보람이 무너지자 창피하고 분하여 흉계를 꾸몄습니다. 남편이 돌아올 때가 되자, 그녀는 자기의 위아래 옷을 모두 찢고 손톱으로 얼굴을 할퀴어 상처를 내고는 먼지를 뒤집어쓰고, 초췌한 꼴로 방에 누워 아무 말도 하지 않았습니다. 그때에 바라문은 제자들과 함께 돌아왔습니다. 안에 들어가 아내의 모습을 보고 그 까닭을 물었습니다.

"왜 이렇게 되었소?"

아내는 눈물을 흘리면서 말하였습니다.

"물을 일이 못됩니다."

바라문은 더욱 궁금하여 물었습니다.

"당신한테 무슨 일이 있었는지 말해보시오. 왜 말하지 않소?"

아내는 울면서 말하였습니다.

"당신이 늘 칭찬하시던 그가 당신이 떠난 뒤로 늘 나를 겁탈하려 하였습니다. 그러나 내가 끝내 듣지 않자, 내 옷을 마구 찢고 내 몸에 상처를 내었습니다. 당신이 기른 제자로서 어떻게 그럴 수 있습니까?"

그는 아내의 말을 듣고, 매우 분개하여 아내에게 말하였습니다.

"저 놈은 천 명을 상대로 싸워도 이길 힘이 있고, 또 재상의 아들이요. 그 집안이 강성하니 비록 죄를 다스리고자 하더라도 천천히 하는 것이 좋겠소."

이렇게 결정한 뒤에 무뇌의 인사를 받고, 그동안의 노고를 위로하며 말했습니다.

"내가 떠난 뒤에 너는 집일을 돌보느라 수고하였다. 또 너는 지금까지 충성을 다해 나를 받들어 섬겼다. 그래서 나는 너의 뜻에 감동하여 은혜를 갚으려고 늘 생각하였다. 그런데 아직까지 아무에게도 말하지 않은 비법(祕法)이 하나 있다. 만일 그것만 성취하면 너는 곧 범천에 날 것이다.”

무뇌는 꿇어앉아 물었습니다.

“그것은 어떤 법입니까?”

“만일 이레 동안에 천 사람의 머리를 베고 그 손가락 하나씩을 잘라 천 개 손가락을 얻어, 그것을 꿰어 손가락 다발을 만들면, 그때에는 범천왕이 스스로 내려와 너를 범천으로 데려 갈 것이다.”

그는 이 말을 들었으나 마음속으로 망설임이 생겨, 다시 그 스승에게 아뢰었습니다.

“그것은 그렇지 않을 것 같습니다. 중생을 죽이고 어떻게 범천에 날 수 있겠습니까?”

“너는 내 제자로서 어떻게 나의 지극히 중요한 말을 믿지 않느냐? 만일 네가 믿지 않으면 그것은 곧 의리를 끊는 것이니, 너는 너 갈 데로 가고 여기에 머물지 말라.”

무뇌는 칼을 땅에 꽂고 주문(呪文)을 외웠습니다. 주문을 마치자, 그는 모진 마음이 생겼습니다. 스승은 그런 마음을 알고 그에게 칼을 주었습니다. 그는 그 칼을 받아 밖으로 내달아 사람을 만나는 대로 죽여 손가락 다발을 만들었습니다. 사람들은 그것을 보고 그를 ‘앙굴라마라’, 즉 ‘손가락 다발’이라고 불렀습니다.

그는 그렇게 돌아다니면서 사람을 죽여 이레가 되자 구백구십구 개의 손가락을 얻었으나 손가락 한 개가 모자랐습니다. 나머지 한 사람만 죽이면 손가락 수가 차게 되었습니다. 그러나 사람들은 모두 숨어 버리고 감히 나다니는 사람이 없었습니다. 그래서 아무리 돌아다녔으나 찾을 수가 없었습니다. 이레 동안 아무것도 먹지 않았으므로 그 어머니는 그를 가엾이 여겨 사람을 보내어 불러오려 하였습니다. 그러나 모두 두려워하여 아무도 같이 가려 하지 않았습니다. 그 어머니가 음식을 가지고 직접 문을 나섰습니다. 아들은 멀리서 어머니를 보고 달려와 죽이려 하였습니다.

그때 어머니는 그에게 말하였습니다.
"이 불효한 자식아, 어찌 그런 흉악한 마음을 먹고 나를 해치려 하느냐?"
아들은 말하였습니다.
"저는 스승님의 가르침을 받았습니다. 이레 동안에 사람 손가락 일천 개를 얻으면 장차 범천왕이 와서 저를 데리고 범천으로 간다고 했습니다. 이미 이레가 되었는데 손가락 수는 아직 채우지 못했습니다. 그래서 할 수 없이 어머니라도 죽여야 하겠습니다."
어머니는 다시 말하였습니다.
"진실로 그렇다면 내 손가락만 자르고 나를 죽이지는 말라."

그때에 부처님께서 그들 모자(母子)를 멀리서 바라보시다가 그를 제도할 수 있음을 아시고 한 비구로 변하여 그 곁으로 가셨습니다. 무뇌는 이 비구를 보자 어머니를 버리고 달려와 죽이려 하였습니다. 부처님은 그가 오는 것을 보시고 발길을 돌려 천천히 걸어 가셨습니다. 그는 있는 힘을 다해 달려갔으나 따를 수가 없었습니다. 그래서 멀리서 불렀습니다.

"비구야 잠깐 멈춰라."
부처님께서 대답하였습니다.
"나는 언제나 머물러 있는데 네가 머무르지 않는구나."
"어째서 너는 머무르는데 내가 머무르지 않는다고 하는가?"
부처님께서 말씀하셨습니다.
"나는 모든 감관이 고요하여 자유를 얻었다. 그런데 너는 나쁜 이교도(異敎徒)에게서 삿된 법을 배워 네 마음이 변하였으므로 가만히 머무르지 못하고 밤낮으로 사람을 죽여 끝없는 죄(罪)를 짓는구나."

그는 이 말을 듣고 갑자기 마음이 열려 칼을 멀리 던져 버리고 멀리서 예배하고 스스로 다가왔습니다. 그때에 부처님은 그를 기다렸다가 부처님 몸을 나타내시니, 마치 맑은 날의 광명처럼 서른두 가지 모습이 빛나고 오묘하였습니다.
그는 부처님의 빛나는 상호와 의젓한 거동을 보고 몸을 땅에 던져 허물을 뉘우치면서 스스로 꾸짖었습니다.

부처님께서는 그를 위해 간단히 설법하셨습니다. 그는 법눈이 깨끗하게 되고 믿는 마음이 순수하여 집을 떠나 출가하기를 원했습니다. 부처님은 곧 허락하시고 말씀하셨습니다.

"잘 왔다 비구야."

말씀이 끝나자 곧 그의 머리와 수염은 저절로 떨어지고 법복이 몸에 입혀졌습니다. 부처님께서는 그의 근기를 따라 거듭 설법하였습니다. 그는 마음의 때가 아주 없어지고 아라한(阿羅漢)의 도를 얻었습니다.

부처님은 곧 그를 데리고 급고독원으로 돌아가셨습니다. 그때에 그 나라의 백성들은 이 손가락 다발의 소문을 듣고 모두 놀라고 두려움에 떨려, 사람은 아기를 낳지 못하고, 짐승도 새끼를 낳지 못하였습니다. 그때에 새끼를 낳지 못하는 어떤 코끼리가 급고독원 가까이에 있었습니다. 부처님께서 무뇌 비구에게 말씀하셨습니다.

"너는 코끼리에게 가서 자비로운 말로 '나는 세상에 나온 뒤로 아직 한 사람도 죽이지 않았다'고 말하여라."

"저는 지금까지 많은 살생을 하였사온데, 어떻게 죽이지 않았다고 말하겠습니까?"

"너는 우리의 거룩한 법안에 새로 났기 때문이니라."

그때에 무뇌 비구는 옷깃을 여미고 분부를 받고, 거기 가서 말씀대로 말하였습니다. 그러자 코끼리는 이내 새끼를 낳고 편해졌습니다. 그는 곧 절에 돌아와 자신의 방을 하나 얻고 좌정하였습니다.

그때 프라세나짓 왕은 많은 군사들을 데리고 몸소 와서 손가락 다발을 잡으려 하였습니다. 그를 잡으러 가려면 급고독원을 거쳐야 했습니다. 그때에 급고독원에는 어떤 비구가 있었는데, 그의 몸은 병들고 추하였으나, 음성은 매우 아름다웠습니다. 마침 그는 소리를 높여 경전을 읽었습니다. 그 음성은 매우 화창하여 군사들은 모두 귀를 기울이면서 듣기에 염증을 내지 않았고, 코끼리와 말들도 귀를 쫑긋하고 들으면서 발을 옮기지 않고 서 있었습니다. 왕은 괴상히 여겨 마부들에게 물었습니다.
"왜 이러느냐?"
"저 독경 소리 때문에 코끼리와 말들이 발을 멈추고 서서 듣습니다."
"이 짐승들도 법 듣기를 즐겨하거늘 하물며 사람인 우리가 가서 듣지 않겠느냐."
군중들을 데리고 급고독원에 들렸습니다. 거기 이르러서는 먼저 코끼리에서 내려 찼던 칼을 풀고 일산을 치우고, 바로 부처님께 나아가 예배하고 문안드렸습니다. 그 비구의 독경소리는 이미 그쳤습니다. 왕은 먼저 부처님께 말씀드렸습니다.

"아까 듣던 그 독경 소리는 맑고 묘하여 화청하여, 마음으로 기뻐하고 흠모하였습니다. 원컨대 그를 만나 볼 수 있으면 돈 십만 냥을 보시하겠습니다."

"먼저 그 돈을 주고 그 다음에 만나보시오. 만일 먼저 만나보면 한 푼도 줄 마음이 생기지 않을 것이오."

곧 그를 데려다 보이셨습니다. 그 형상은 병들고 추하여 차마 볼 수 없었습니다. 그래서 한 푼도 줄 생각이 없었습니다.

왕은 자리에서 일어나 꿇어 앉아 부처님께 여쭈었습니다.

"이제 보니, 저 비구는 몸은 추하오나 그 음성은 참으로 맑습니다. 그는 전생(前生)에 어떤 업을 지었기에 지금 이런 갚음을 받았습니까?"

부처님께서 말씀하셨습니다.

"잘 듣고 명심하시오. 과거에 카샤파(가섭) 라는 부처가 있었소. 그는 중생을 두루 제도한 뒤에 곧 열반에 들었소. 그러자 기리바라는 그 나라 왕은 그의 사리를 거두어 탑을 세우려고 하였소. 때에 네 용왕은 사람 형상으로 변하여, 그 왕에게 가서 물었소.

'세우려는 탑 재료는 보물로 하겠습니까? 흙으로 하겠습니까?'

왕은 대답하였소.

'그 탑 크기만한 많은 보물이 없는데, 어떻게 보물

로 할 수 있겠는가? 지금 흙으로 만들려고 하는데 둘레는 이십오 리요, 높이는 오 리요, 아주 우뚝 솟아 볼만한 탑을 만들려고 하오.'

용왕들이 말했소.

'우리는 사람이 아니요, 모두 용왕입니다. 왕께서 탑을 세운다는 말을 듣고, 일부러 와서 여쭙는 것입니다. 진실로 보물을 쓰시고자 하시면 우리가 도와 드리겠습니다.'

'그렇게만 할 수 있다면 얼마나 좋겠는가?'

용왕들이 다시 말하였소.

'네 성문 밖에 네 개의 큰 우물이 있습니다. 성(城) 동쪽 샘물을 길어다 벽돌을 만들면 모두 보랏빛 유리벽돌이 될 것이요, 성(城) 남쪽 샘물을 길어다 벽돌을 만들면 모두 황금벽돌이 될 것이요, 성(城)서쪽 샘물을 길어다 벽돌을 만들면 은벽돌이 될 것이요, 성(城) 북쪽 샘물을 길어다 벽돌을 만들면 백옥벽돌이 될 것입니다.'

왕은 이 말을 듣고 더욱 기뻐하며, 곧 네 사람의 도감(都監)을 뽑아 각기 한쪽씩 맡게 하였소. 세 도감의 공사는 거의 되어 가는데, 한 도감이 게을러 공사가 늦어졌소. 왕은 나가서 시찰하다 그것을 보고 이치로 따져 나무랐소.

'그대는 일을 제대로 하지 않았으니 벌을 받아야겠다.'

그는 도리어 원망하면서 왕에게 아뢰었소.

'이 탑이 너무 커서 언제 완성될지 모르겠습니다.'

왕이 떠난 뒤에 그는 인부들을 독려해 밤낮으로 부지런히 추진하여, 공사는 한꺼번에 끝났소. 탑은 매우 높고, 온갖 보배는 빛나며, 새기고 장식한 장엄은 아주 장관이었소, 그는 이것을 보고 기뻐하여 먼저 허물을 뉘우치고, 금방울 하나를 탑머리에 달고 스스로 원을 세웠소.

'나는 태어나는 세상마다 음성이 매우 아름다워, 일체 중생들이 모두 듣기를 즐겨하고, 또 장래에 석가모니 부처님을 만나 생사를 벗어날지이다.'

대왕이여, 알고 싶으시오? 그때에 도감으로서 공사를 더디게 하고, 탑이 크다고 원망하던 이가 바로 이 비구요, 그는 탑이 큰 것을 꺼려하여 원망하였으므로 오백 세상 동안 늘 몸이 병들고 추하였으며, 그 다음에 기뻐하면서 탑머리에 방울을 달고 좋은 음성을 구하였고, 또 나를 만나려고 했기 때문에, 오백 세상 동안 그 음성이 매우 아름다웠으며, 지금 나를 만나 해탈을 얻게 된 것이오."

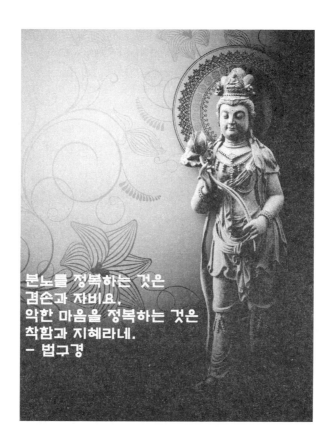

분노를 정복하는 것은
겸손과 자비요,
악한 마음을 정복하는 것은
착함과 지혜라네.
- 법구경

18. 앙굴라마라의 악업 2

왕은 이 말을 듣고 곧 하직하고 물러가려 하자, 부처님께서 아시면서도 왕에게 물으셨습니다.
"어디로 행차하십니까?"
왕은 아뢰었습니다.
"나라에 손가락 다발이라는 나쁜 살인범이 있어, 백성들을 죽이면서 횡포를 부리고 돌아다닙니다. 지금 군사를 거느리고 그를 잡으러 갑니다."
부처님께서 말씀하셨습니다.
"손가락 다발은 지금 같아서는 개미도 죽이지 않을 것인데, 하물며 사람의 목숨을 죽이겠는가?"
왕은 마음속으로 생각하였습니다.
'부처님께서 이미 항복받으셨구나.'

부처님께서 말씀하셨다.
"손가락 다발은 지금 이미 세속을 떠나 도에 들어가 아라한이 되어, 온갖 번뇌가 다 없어졌소. 지금 어떤 방에 있는데 만나고 싶습니까?"
"보고 싶습니다."
왕은 곧 일어나 그 방문 밖에 이르러, 그의 기침 소리를 들었습니다. 왕은 그의 포악에 많은 사람이

죽은 것을 생각하고, 두려워하여 땅에 쓰러져 기절
하였다가 한참만에야 깨어났습니다. 왕은 부처님께
돌아와 이 사실을 사뢰었습니다. 부처님께서 말씀하
셨습니다.

"대왕은 오늘만 그의 음성을 듣고 땅에 쓰러져 기
절한 것이 아니라, 지난 세상에서도 그의 음성을
듣고 그렇게 기절하였소.
대왕이여 잘 들으시오,
옛날 이 염부제에 바라나시라는 큰 나라가 있었소.
그때에 그 나라에는 독한 새 독조(毒鳥)가 한 마리
있어 온갖 독벌레를 잡아먹고 살았소. 그 몸은 아
주 독해서 가까이 할 수가 없었소. 그래서 그 새가
지나가는 그림자만 만나도 동물들이 모두 죽었고,
나무들도 모두 말라 버렸소.
어느 때, 그 새는 어떤 숲을 지나가다 한 나무 위
에 앉아 울려고 기침하였소. 마침 그때에 그 숲속
에 살던 코끼리가 그 곁의 나무 밑에 있다가 독한
새의 소리를 듣고 땅에 쓰러져 기절하여 꼼짝하지
못하였소. 대왕이여, 그때의 새가 바로 지금의 저
손가락 다발 무뇌 비구요, 흰 코끼리는 바로 지금
의 대왕이었소."

왕은 다시 사뢰었습니다.
"저 손가락 다발 비구는 몹시 포악하여 많은 사람
을 죽였사온데, 어떻게 부처님의 교화를 입고 선

(善)을 닦아 성인이 되었습니까?

부처님께서 말씀하셨습니다.

"손가락 다발 비구는 오늘만 그처럼 많은 사람을 죽이고 내 교화를 입은 것이 아니라, 과거 세상에서도 그들을 죽였고, 나도 그때에 그를 교화시켜 착한 행동을 하게 하였소."

"알 수 없습니다. 그들이 전생에 해를 입은 일과 부처님의 교화하신 그 일은 어떠하십니까. 설명해 주시길 바랍니다."

부처님께서 말씀하셨습니다.

"잘 듣고 명심하시오. 옛날 옛적 아승기 겁 이전에 이 염부제에 바라나시라는 큰 나라가 있었고 그 나라 왕의 이름은 브라흐마닷타라 하였소. 그때에 왕은 네 종류 구나를 데리고 숲속에 들어가 사냥을 하였소. 왕은 어느 늪 위에 이르러 짐승을 쫓아 혼자 깊은 숲속에 들어갔소. 그때에 왕은 몹시 피로해 말에서 내려 조금 쉬었소.

그 숲속에 사는 어떤 암사자는 음욕이 발동하여 그 짝을 찾아 다녔으나 끝내 찾지 못하였소. 마침 숲속에 홀로 쉬고 있는 왕을 보고는 음탕한 마음이 더욱 왕성해졌소. 그는 왕을 숫사자라 생각하고 그 앞에 가까이 가서 꼬리를 들고 뒤로 섰소. 왕은 그 뜻을 알고 생각하였소.

'이 사자는 사나운 짐승으로서 힘은 능히 나를 죽일 만하다. 만일 내가 그의 뜻에 따르지 않으면 해

를 입을는지 모른다.'

왕은 두려움 때문에 그 사자의 뜻을 따랐소. 사자
는 돌아가고, 또 여러 군사들도 모여 왔소. 왕은 그
들을 데리고 궁성으로 돌아왔소. 사자는 새끼를 배
고 달이 차서 사람 아이 한 명을 낳았소. 형상은
꼭 사람 같으나 오직 발에 얼룩점이 있었소. 사자
는 과거를 생각해 그것이 왕의 아들인 줄 알고, 물
고 와서 왕의 침실에 두었소, 왕도 사냥 갔던 때의
일을 기억하고, 그것이 자기 아이임을 알고 거두어
길렀소.

발에 얼룩점이 있다 하여 이름을 박족(駁足)이라 하
였소. 아이는 차츰 자라나자 재주와 뜻이 웅굉하고
사나웠소. 부왕이 죽은 뒤에 박족이 왕위를 이어
나라를 다스렸소. 박족왕에게는 두 부인이 있었소.
첫째는 왕족이요, 둘째는 바라문족이었소. 왕은 어
느 날, 성을 나가 공원으로 놀이 가면서 두 부인에
게 말하였소.
'나를 따라 뒤에 오시오. 먼저 온 이에게는 하루 동
안 같이 즐길 시간을 주겠지만, 뒤에 온 이는 오늘
하루는 보지 않으리라.'
왕이 떠난 뒤에 그 두 부인은 몸을 꾸미고 수레를
장식해 타고 한꺼번에 떠났소. 도중에서 하늘 사당
이 나타나자, 바라문족 부인은 수레에서 내려 거기
에 예배를 마치고 급히 따랐으나, 나중에 도착하게
되었소. 왕은 약속대로 그를 앞에 나타나지 못하게

했소. 그러자 그 부인은 분하고 원통하여 천신을 원망하고 꾸짖었소.

'나는 너에게 예배하였기 때문에 왕의 박대를 받게 되었다. 만일 하늘이 힘이 있다면 왜 나를 보호하지 못하는가?'

원한과 울분으로 가만히 계책을 세웠소. 그리하여 왕이 궁중으로 돌아간 뒤로는 더욱 정성스럽게 받들어 섬겨 왕의 총애를 회복하였소. 그는 왕에게 원하였소.

'하루 동안만 이 나라 일에 대하여 제가 마음대로 처리하도록 허락하여 주소서.'

왕은 그를 사랑하는 마음 때문에 곧 그것을 승낙하였소. 그는 밖에 나가 사람을 시켜 하늘 사당을 두드려 부숴 평지처럼 만들고 궁중으로 돌아왔소. 하늘 사당을 지키던 신(神)은 슬퍼하고 괴로워하면서, 구중으로 들어가 왕궁을 헐어 버리려 하였소. 그러나 천신(天神)이 그것을 막고 들어가서 못하게 하였소.

그때에 어떤 선인(仙人)이 선산(仙山)에서 살고 있었소. 왕은 늘 그에게 공양을 올렸소. 날마다 밥 때가 되면 그는 궁중에 날아 들어왔소. 그러나 기름진 음식은 먹지 않고 소찬으로 조금씩 먹었소.

하루는 그 선인이 오지 않았소. 천신은 그것을 알고, 그 선인 형상으로 변해 궁중으로 들어가려 하였소, 그러나 궁신은 그것을 알고 들어오기를 허락하지 않았소. 그는 선산의 선인으로 변화하여, 멀리 문 밖에서 아뢰어 통과시켜주기를 요청하였소.

왕은 선인이 밖에서 들어오기를 요청한다는 말을 듣고, 그 까닭을 이상히 여기면서 급히 명령하여 들어오게 하였소. 그때에 궁신은 왕의 분부를 받고 그를 막지 않고 통과시켰소. 변화한 선인은 얼른 들어가 선인이 항상 앉았던 곳에 앉았소. 왕은 보통 때와 같이 음식을 장만하여 그에게 대접하였소. 그러나 그 변화한 선인은 즐겨 먹으려 하지 않고 왕에게 말하였소.

'이 음식은 변변찮고 또 고기나 생선도 없는데 어떻게 먹겠소.'

왕은 곧 아뢰었소.

'대선(大仙)께서는 늘 오셔서 깨끗하고 담백한 것만 자시기 때문에, 이날부터 고기나 생선 음식을 만들지 않았습니다.'

'지금부터는 보잘 것 없는 공양을 차리지 마시오. 다만 고기만 먹겠소.'

그 말대로 차려오자, 그는 먹고 돌아갔소.

이튿날 원래 선인이 날아왔소. 왕은 그를 위해 갖가지 고기음식을 차렸소, 선인은 화를 내며 왕을 원망하였소.

왕은 선인에게 말하였소.

'어제 이렇게 차리라고 분부하시지 않았습니까?'

선인은 말하였소.

'어제는 병이 있어 하루 동안 단식하고 여기는 오지 않았소, 누가 왕에게 그런 말을 하였소? 다만 왕이 나를 시험하려고 이렇게 한 것이 분명하오. 왕은 지금부터 십이 년 동안 항상 사람 고기를 먹으시오.'

이렇게 말하고 날아서 산중으로 돌아갔소.

그 뒤에 왕의 찬간 감독은 어느 날 밤 고기준비를 잊었소. 밥 때가 임박하였으나 방법이 없어, 밖에 나가 고기를 구하다가, 살찌고 흰 어린애 시체가 땅에 버려져 있는 것을 보았소. 그는 우선 급한대로 '이것으로써 고기를 대신하자'고 생각하고, 머리와 발을 잘라버리고 찬간으로 들고 와서, 온갖 맛난 양념을 넣고 음식을 만들어 왕에게 바쳤소. 왕은 그것을 먹고 전의 음식보다 몇 곱이나 맛있는 것을 알고, 곧 찬간 감독에게 물었소.

'지금까지 고기를 먹었으나 이렇게 맛난 것은 없었다. 이것은 무슨 고기냐?'

찬간 감독은 몹시 황공하여 왕 앞에 엎드려 말했소.

'만일 대왕께서 저의 죄를 용서하신다면 반드시 사실대로 아뢰겠습니다.'

왕은 말하였소.

'다만 사실대로 말만 하라. 너의 죄는 묻지 않으리라.'

찬간 감독은 아뢰었소.

'어제 어떤 일이 있어서 미처 고기를 구하지 못하고, 상하지 않은 한 어린애 시체가 길가에 있었으므로 가지고 와서 요리를 했습니다. 뜻밖에 대왕님은 그것을 아셨습니다.'

'이 고기는 아주 맛나 보통 것과 다르다. 지금부터는 이런 것을 구하라.'

'어제는 우연히 저절로 죽은 어린애 시체를 만났지만, 그런 것을 구하기가 어렵습니다. 또 그것으로 음식을 만들면 나라법이 두렵습니다.'

'너는 남 몰래 구해 와서 요리하여 주기만 하여라. 만일 발각되면 그 판결은 내가 하지 않겠느냐.'

찬간 감독은 왕의 명령을 받고, 남몰래 아이들을 죽여 날마다 왕에게 바쳤소. 그때에 어린이를 잃은 성 안의 백성들은 각기 울고 돌아다니면서 말했소.

'아기를 잃어 버렸다.'

그리고 그들은 서로서로 물었다.

'무슨 사유로 이런 일이 있느냐?'

이런 이야기를 듣고 여러 신하들이 모여 의논하였소.

'비밀리에 조사해보자.'

곧 거리의 곳곳마다 사람을 배치해 두었소. 마침 왕의 찬간 감독이 남의 어린애를 끌고 가는 것을 보고 기다리다가, 그를 잡아 결박하여 왕에게 나아가, 지금까지 잃어버린 아기 일을 자세히 아뢰었소.

왕은 그 말을 듣고 잠자코 대답하지 않았소. 그들은 재삼 왕에게 아뢰었소.
'이제 아이 유괴범을 잡아 그 죄가 드러났사온데, 대왕께서 판결해야 하는데 어찌하여 잠자코 계십니까?'
왕은 그제야 대답하였소.
'그것은 내가 시킨 것이오.'

신하들은 분개하여 각기 흩어져, 밖에 나와 의논하였소.
'왕이 바로 유괴범으로서 우리 아이들을 잡아먹었다. 사람을 먹는 왕과 어떻게 나라를 같이 다스리겠는가? 저 왕을 제거하여 이런 화를 없애자.'
신하들은 마음을 모아 같이 계획을 하였소.
궁성 밖 공원 안에 좋은 온천이 있어, 왕은 날마다 거기 가서 목욕하였소. 신하들은 군사를 모아 공원 안에 매복시켰소.
왕이 나와 목욕하려고 그 온천에 이르렀을 때, 복병은 한꺼번에 사방을 둘러싸고, 왕을 포위하여 죽이려 하였소. 왕은 군사들이 모이는 것을 보고 놀랍고 두려워 물었소.
'너희들은 왜 나를 둘러싸고 핍박하는가?'
신하들은 대답하였소.
'대개 왕이 된 자는 백성을 잘 살게 하는 것으로써 일을 삼아야 한다. 그런데 요리사에게 시켜 사람을 죽여 음식을 만들어 먹었으니, 백성들은 울부짖고

슬퍼하지만 마음을 하소연할 곳이 없다. 그 모진
고통을 참을 길이 없기 때문에 왕을 죽이려 하는
것이다.'
왕은 말하였소.
'나는 참으로 착하지 못하였다. 다시는 그런 짓을
하지 않을 것이다. 그저 용서해 놓아 주면 스스로
힘써 고치겠다.'
'절대 놓아줄 수 없다. 비록 지금 하늘에서 검은 눈
이 내리고, 네 머리 위에 검은 독사가 나더라도 용
서하지 않을 것이니 여러 말 하지 말라.'
그때에 박족왕은 신하들 말을 듣고, 벗어날 길이
없어 반드시 죽을 것을 알고, 여러 신하들에게 말
하였소.
'나를 죽이더라도 더운 차 한 잔 마시는 동안만 더
살기를 허락하라.'
신하들은 조금 늦추어 주었소. 왕은 곧 스스로 서
원하였소.
'나는 지금까지 닦은 선행으로 왕이 되어 바르게
다스렸으며, 선인에게 공양을 올렸다. 이런 온갖 공
덕을 합해, 나는 지금 날아다니는 나찰로 변할지어
다.'
그 말을 마치자 이내 그 말대로 되어 허공을 날면
서 신하들에게 말하였소.
'너희들이 힘을 합해 억지로 나를 죽이려 하였지만
나는 나의 큰 공덕에 힘입어 스스로 구제된 것이
다. 지금부터 너희들은 잘 참아야 한다. 너희들이

사랑하는 처자를 나는 차례대로 잡아먹을 것이다.'
이렇게 말하고 날아갔소.

그는 숲속에 살면서 사람을 잡아 그것으로 먹이를
삼았소. 사람들은 모두 두려워하여 피해 숨었소. 이
렇게 하여 사람들을 많이 잡아먹자, 여러 나찰들은
그에게 와서 부하가 되었소. 그 무리들이 차츰 많
아짐에 따라 죽는 사람 수도 더욱 늘어갔소. 그 뒤,
여러 나찰들은 박족왕에게 말하였소.
'우리는 왕을 받들어 섬기면서 그 부하가 되었습니
다. 원컨대 우리들을 위해 큰 연회를 베풀어 주십
시오.'
박족왕은 승낙하고 말하였소.
'여러 왕들을 잡아 일천 명을 채우고 그들을 음식
으로 삼아 너희들은 연회를 베풀라.'
이렇게 허락하자, 그들은 각각 가서 왕들을 잡아와
서 산속에 가두어 두었소. 이미 구백구십구 명의
왕을 잡았고, 나머지 한 명이 모자라 수가 차지 않
았소. 여러 왕들은 생각하였소.
'우리는 지금 매우 급박하다. 어떻게 해야 하나, 만
일 저 수타소미왕만 만난다면, 그는 큰 방편이 있
어 능히 우리를 구제할 것이다.'
그들은 이렇게 계획하고 나찰왕에게 아뢰었소.
'왕께서 연회를 베풀되 아주 훌륭하게 하려고 순전
히 여러 왕들만 잡아 왔지만, 이런 보잘 것 없는
우리들은 쓸 데 없습니다. 저 수타소미는 아주 높

은 덕이 있습니다. 그를 잡아와야 왕의 연회는 비로소 빛날 것입니다.'
'어떤 높은 덕이 있나?'
이렇게 말한 나찰왕은 곧 날아올라 잡으러 갔소.

마침 수타소미는 여러 궁녀들을 데리고, 새벽에 성을 나와 공원 연못에 목욕하러 가다가, 길에서 자기에게 구걸하는 어떤 바라문을 만났소. 왕은 그 바라문에게 말하였소.
'내가 목욕하고 돌아올 때까지 궁전 문 앞에서 기다리시오. 그때에 보시하리라.'
왕은 공원에 이르러 연못에 들어가 목욕하고 있었소. 그때에 나찰왕은 허공으로 날아와, 그를 잡아 가지고 산중으로 갔소. 수타소미는 근심하고 걱정하면서 슬피 울었소. 그러자 나찰왕은 물었소.
'나는 너의 덕이 뛰어나 제일이라는 말을 들었다. 대장부의 뜻은 빈궁과 영달에 맡겨야 하거늘, 어찌 별스럽게 근심하면서 어린애처럼 우는가?'
수타미소는 말하였다.
'나는 몸을 사랑하거나 목숨을 탐해 아끼거나 하지 않습니다. 뿐만 아니라 거짓말한 적도 없습니다. 아침에 궁중에서 나와 길에서 어떤 도사가 내 수레 앞에 서서 구걸하는 것을 보고 목욕하러 오다가 돌아가 보시하겠다고 약속하였습니다.
그런데 마침 대왕이 나를 잡아와 여기까지 왔습니다. 지금 거짓말로서 그 정성된 믿음을 어길 것을

- 151 -

생각하고, 그 때문에 근심하는 것입니다. 내 몸을 아껴서가 아닙니다. 원컨대 나를 가엾이 여겨 이레 동안만 여유를 주십시오. 그 도사에게 보시하고 돌아와 죽겠습니다.'

나찰왕은 이 말을 듣고 물었소.

'네가 지금 가게 되면 과연 스스로 돌아와 죽겠느냐?'

그리고 다시 말을 하였습니다.

'가령 돌아오지 않더라도 내 스스로 잡아올 수 있다.'

이내 수타소미왕을 놓아주었다.

왕은 본국으로 돌아갔고, 도사는 아직 거기 있었소. 그는 기뻐하며 그 바라문에게 보시하였소. 그때에 바라문은 왕이 오래지 않아 돌아가 죽을 것이므로 나라를 잊지 못해 근심하고 걱정할까 염려하여, 곧 그 왕을 위해 다음의 게송을 읊었소.

겁(劫)의 수(數)가 끝날 때는
하늘과 땅이 훨훨 타서
수미산도 큰 바다도
모두 다 재 되고 말아 버립니다.

하늘도 용도 사람도 귀신도
그 안에서 시들고 죽어가며
해와 달도 오히려 떨어지거늘

나라가 무슨 떳떳함이 있겠습니까?

태어남과 늙음과 병들고 죽음은
바퀴처럼 굴러 끝이 없거니
그 일로써 어기게 되면
근심과 슬픔은 피해를 줍니다.

탐욕이 깊으면 재앙은 무겁고
부스럼과 혹은 바깥이 없듯,
삼계는 순전히 괴로움 뿐이거니
나라인들 무슨 힘입겠습니까?

있다 한들 본래 스스로 없는 것을
인연으로 이루어진 모든 것
무성한 것도 반드시 쇠하고
가득하면 반드시 빕니다.

꼬물거리는 저 중생들
모두가 하나의 허깨비 같고
삼세(三世)의 인과(因果) 모두 공하니
나라도 또한 그와 같습니다.

정신은 형상이 없지만
사대(四大)를 빌려 타고
무명을 보배처럼 길러 가며
그것을 즐거운 수레라 합니다.

형상에는 떳떳한 주인도 없고
정신은 떳떳한 집이 없어서
거기에 어찌 나라가 있겠습니까?

그때 수타소미왕은 이 시를 듣고 그 이치를 생각하
다가, 한량 없이 기뻐하며, 곧 태자를 자기 대신 왕
으로 삼았소. 그리고 여러 신하들과 이별하고 약속
을 지키러 돌아가려 하였소. 신하들은 꼭 같은 말
로 그에게 아뢰었소.
'원컨대 왕은 그저 여기 머무르시고 저 박족왕은
걱정하지 마십시오. 신들이 계책을 내어 그 걱정을
없앨 수 있도록 준비하겠습니다. 쇠를 붙여 집을
만들고 우선 그 안에 계시면, 박족이 아무리 사나
워도 어떻게 할 수 없을 것입니다.
왕은 신하들과 여러 백성들에게 말하였소.
'대개 사람이 세상에 살면 진실을 근본으로 삼아야
하오. 거짓으로 구차하게 사는 것은 내 마음이 허
락하지 않소. 차라리 죽을지언정 거짓말로 살지 않
겠소.'
왕은 다시 갖가지로 진실의 이익을 설명하고 또 거
짓의 죄를 널리 분별하였소. 신하들은 목이 메어
슬피 울면서 다시는 아무 말도 하지 않았소. 왕은
일어나 성을 나왔소. 대중들은 다시 배웅 나와 길
에서 부르짖으면서 까무러쳤다가 다시 깨어났소. 왕
은 그들을 일깨워 타이르고는 길을 따라 떠났소.

그때에 박족왕은 가만히 생각하였소.
'수타소미는 오늘 올 것이다.'
그는 산꼭대기에 앉아 멀리 바라보다가 그가 길을 따라 걸어오는 것을 보았소. 그가 도착하자, 그는 수타소미의 얼굴빛이 즐거움과 기쁨에 가득 찬 것이 옛날보다 더 좋은 것을 보고 곧 물었소.
'왔구려. 사람이 세상에 나면 누구나 그 목숨을 아끼는데, 그대는 지금 죽음에 이르렀어도 기쁨이 보통 때보다 배나 더하구나, 본국에 돌아가 어떤 좋은 이익을 얻었는가?'
수타소미는 대답하였소.
'대왕의 너그러운 은혜로 내게 이레 동안의 여유를 주어 나는 보시함으로써, 그와 약속한 말을 이행하게 되었습니다. 또 나는 묘한 법문을 듣고 마음이 열렸습니다. 지금과 같이 소원을 마쳤으니, 비록 죽게 되더라도 즐거운 마음은 살아 있는 것과 같습니다.'

박족왕은 말하였소.
'너는 어떤 법문을 들었는가? 나를 위해 설명하라.'
수타소미는 그를 위해 게송을 설명하고, 다시 방편으로 널리 설법하였소. 즉 살생하는 죄와 그 나쁜 갚음을 말하고, 또 사랑하는 마음으로 살생하지 않는 복을 설명하였소.
박족왕은 기뻐하며 공경히 예배하고 그 교훈을 받들어 다시는 해칠 마음이 없어졌소.

그리하여 여러 왕들을 놓아주어 각각 본국으로 돌려보냈소. 수타미왕은 곧 군사를 차출하여 박족왕을 데리고, 본국으로 돌아가 본국에서 편안히 살게 하였소.

그는 전날 그 선인의 말대로, 십이 년이 찬 뒤에 다시는 사람을 먹지 않고, 마지막에는 대왕으로 돌아가 옛날처럼 백성을 잘 다스렸소.

대왕께서는 알고 싶으시오?

수타미소왕은 바로 지금의 내 몸이요, 그 박족왕은 저 손가락 다발 비구이며, 십이 년 동안 박족왕에게 먹힌 사람들은 바로 지금 손가락 다발 비구에게 죽은 사람들이오.

그들은 세상에 날 때마다 항상 손가락 다발 비구에게 죽임을 당했고, 나도 세세생생(世世生生) 선(善)으로써 그를 항복받았소. 나는 생각하오. 과거 내가 범부로 있었을 때에도 그를 교화하여 살생하지 못하게 하였거늘, 하물며 지금은 부처가 되어 온갖 덕을 두루 갖추었고 온갖 악(惡)에서 아주 벗어났는데, 어찌 그를 교화하지 못하겠소."

미워하는 사람이 화를 내면 우리는
그것 때문에 마음의 고통을 겪는다.
그러나 제일 큰 고통은 마음속에 분노와
미움으로 인한 고통일 것이다.
분을 삭이고 미움을 떨쳐버렸을 때
부모나 가족이 마음 편하게 대해주는 것과는
비교할 수 없을 정도로 마음이 편안해진다.
- 불경

19. 앙굴라마라의 악업 3

왕은 다시 여쭈었습니다.
"지금 죽은 여러 사람들은 전생에 어떤 인연이 있었기에 세세생생 그에게 죽임을 당했습니까?"

부처님께서 말씀하셨습니다.
"자세히 잘 들으시오. 과거 오랜 겁 이전에 이 염부제에 바라나시라는 큰 나라가 있었고, 그 나라 왕의 이름은 브라흐마닷이라 하였소.
그 왕에게는 아들이 둘 있었소. 모두 뛰어난 재주가 있었고, 얼굴은 단정하였소. 그래서 왕은 매우 사랑하였소. 그때에 작은 아들은 생각하였소.
'만일 아버지가 돌아가시더라도 형님이 그 자리를 이어 받을 것이다. 나는 아직 나이가 어리니 왕위는 희망이 없다. 사람이 세상에 나서 왕이 되지 못할 바에야 구태여 속세에 살아서 무엇을 하겠는가. 고요히 신선의 도를 구하는 것보다 못하리라.'
이렇게 생각하고 아버지에게 가서 아뢰었소.
'깊은 산에 들어가 신선의 도를 구하고자 합니다. 원컨대 허락하셔서 뜻한 바를 이루게 해주십시오.'
간절한 뜻은 굽힐 수가 없어, 아버지는 곧 허락하

고 산에 들어가게 하였소. 몇 해가 지나 부왕이 돌아가시고 그 형이 왕위를 이어 백성을 다스렸소. 나라를 다스린 지 오래지 않아 그 형은 병이 나서 목숨을 마쳤으나 그 형에게는 왕위를 이어받을 아들이 없었소. 그래서 신하들은 서로 모여 의논하였소.

'전 대왕께는 작은 아들이 있었소. 그는 대왕의 허락을 받고 산에 들어가 신선의 도를 공부하고 있소. 그를 맞아들여 왕위를 잇도록 하는 것이 좋겠소.'

신하들은 기뻐하며 말하였소.

'그것이 좋겠소.'

그를 청하려 여럿이 함께 산으로 들어갔소. 산에 들어가 그동안의 사정을 자세히 아뢰었소.

'원컨대 이 정성을 가엾이 여겨 나라를 맡아 주십시오.'

선인은 대답하였소.

'그것은 두려운 일이오. 나의 이 고요한 즐거움은 어떤 근심도 걱정도 없지만, 세상 사람들은 흉악하여 서로 죽이기를 좋아하지요. 만일 내가 왕이 된다면 혹 어떤 모함을 당할는지 모르오. 나는 그런 일은 할 수 없소.'

그러자 여러 신하들은 거듭 아뢰었소.

'전 왕이 돌아가시고 뒤가 끊어져, 왕위를 이을 사람이 없습니다. 오직 신선님만이 왕의 후예이시고,

또 나라 백성들은 주인이 없을 수 없습니다. 원컨
대 저들을 가엾이 여겨 나오셔서 돌보아 주십시오.'
그렇게 정성스럽고 간절히 청하니, 차마 거절하지
못하고, 드디어 승낙하고 본국에 돌아갔소.

선인은 어릴 적부터 여자를 몰랐으나 속세로 돌아
와 나라를 다스리게 되자, 차츰 여색을 가까이 하
며 애욕에 물들어 밤낮으로 걷잡을 수 없는 방탕에
빠져 스스로 절제하지 못하였고, 그 위에 또 온 나
라에 명을 내렸소.
'이 나라의 모든 처녀가 시집가려 할 때에는 반드
시 먼저 나를 모셔라. 그리고 난 뒤에 남편과 결혼
하는 것을 허락한다.'
그리고 나라의 여자로서 그 마음에 드는 여자는 모
조리 능욕하였소. 그때에 어떤 여자가 여러 사람이
보는 거리에서 나체로 서서 소변을 보았소. 사람들
은 그것을 보고 놀라고 웃다가 모두 와서 꾸짖었
소.
'너는 어찌 부끄러움도 없이 이런 짓을 하는가?'
그 여자는 곧 대답하였소.
'여자가 여자 앞에서 무슨 부끄러움이 있겠는가. 너
희들도 서서 소변을 보면서 부끄러워하지 않으니
나도 너희들과 다를 것이 없는데 무슨 부끄러움이
있겠는가.'
여러 사람들은 물었소.
'그 말은 무슨 뜻인가?'

'오직 왕 한 사람만이 남자다. 온 나라 여자들이 모두 그런 치욕을 당하는데, 만일 너희들이 사내라면 그대로 있을 수 있겠는가.'
여러 사람들은 모두 부끄러워하며 서로 의논하였소.
'저 여자 말이 옳다. 사실인즉 그렇다.'

비밀리에 그 여자 말을 서로 전하여, 마음을 모으고 꾀를 합하여 왕을 없애기로 도모하였소. 왕성 밖 공원에 맑고 시원한 연못이 있었소. 왕은 지금까지는 늘 그 연못에 나와 목욕하였소. 신하와 백성들은 그 공원에 잠복해 있다가, 왕이 나와 목욕할 때에 모두 나와 둘러싸고 왕에게 달려들어 죽이려 하였소. 왕은 놀라며 말하였소.
'왜들 이러느냐?'
신하들은 아뢰었소.
'왕이란 모름지기 바른 법으로 나라를 다스려야 하거늘, 도리어 음탕하기가 도를 지나쳐, 나라의 풍속을 어지럽히고, 여러 여자들을 욕보이니, 우리는 그것을 보고 참을 수 없어, 왕을 없애고 다시 어진 이를 구해 왕을 삼으려 하는 것이다.'
왕은 그 말을 듣고 두려워하며 신하들에게 말하였소.
'나는 참으로 잘못하여 백성들에게 폐를 끼쳤다. 이제 스스로 깨우쳐 다시는 감히 그러지 않겠다. 원컨대 너그러이 용서하여 주면 백성들과 함께 다시 새롭게 출발하겠다.'

그러나 신하들은 말하였소,
'가령 지금 하늘에서 검은 눈이 내리고 왕의 정수
리에서 독사가 나올지라도 결코 놓아 줄 수는 없으
니 여러 말 말라.'
왕은 이 말을 듣고 틀림없이 죽었다 생각하고 원통
하여 신하들에게 말하였소.
'나는 본래 산에 있어 세상일에 간섭하지 않았는데,
억지로 나를 끌어내어 왕을 만들어놓고, 과실이 있
다하여 나를 없애려 하는가? 나는 지금 홀몸으로
빠져 나길 힘이 없지만 맹세코 미래 세상에서는 항
상 너희들을 죽이되, 그리고 내가 도를 얻을 때까
지는 용서하지 않으리라.'
이렇게 맹세하였지만 그들은 왕을 죽이고 말았소.

대왕이여, 알고 싶은가?
그때 그 선인이었던 왕은 바로 지금의 저 손가락
다발 비구요, 왕을 죽인 신하들은 바로 저 손가락
다발 비구에게 죽은 사람들이오. 그래서 그들은 그
뒤로 늘 그에게 죽임을 당했고 오늘에 이르러서도
또한 그에게 죽은 것이오."

그때에 왕은 꿇어앉아 부처님께 말씀하였습니다.
"저 손가락 다발 비구는 그 많은 사람들을 죽이고
지금 도를 얻었는데도, 장차 그 갚음을 받아야 합
니까?"
부처님께서 말씀하셨습니다.

"행위(行爲)에는 반드시 갚음이 있소. 지금 저 비구는 방안에 있으면서, 지옥의 불이 그 털구멍에서 나오므로 그 고통은 말할 수 없을 게요."

그때에 부처님께서 대중에게 악한 행을 지으면 반드시 죄의 갚음을 받는다는 것을 알리기 위해, 어떤 비구에게 분부하셨습니다.

"너는 열쇠를 가지고 저 비구의 방에 가서 그 문을 열어 보아라."

비구는 분부를 받고 곧 가서 방문을 열고 들어가, 손가락 다발 비구가 서서히 녹아가고 있는 것을 보았습니다. 비구는 놀라 부처님께 돌아와 사실대로 사뢰었고, 부처님께서 말씀하셨습니다.

"행위에 대한 갚음은 그와 같으니라."

왕과 대중들은 모두 이해하고 믿었습니다. 그때에 아난다는 꿇어앉아 부처님께 사뢰었습니다.

"저 비구는 전에 어떤 복을 지었기에 몸에 큰 힘이 있고, 또 건장하고 민첩하며, 빨라 달리기는 나는 새를 따르며, 또 부처님을 만나 생사를 뛰어넘게 되었습니까? 원컨대 이 대중들을 가엾이 여겨 말씀해 주십시오."

부처님께서 말씀하셨습니다.

"너희들은 잘 들으라.

옛날 카샤파 부처님 때에 어떤 비구는 집사가 되었다. 그는 스님들과 인부와 짐승들을 데리고 양식을 실고 오다가 도중에 비를 만났다. 그러나 비를 피할 곳이 없어 곡식 부대들이 모두 흠뻑 젖었다. 그 비구는 빨리 가고자 하였으나 마소(馬牛)가 힘에 부쳐 걸음이 더디니, 마음은 답답하고 안타까웠다. 그는 곧 서서 서원을 세웠다.

'원컨대 나는 후생(後生)에 일천 사람을 대적할 힘이 있을 뿐 아니라 몸은 가볍고 걸음은 빨라 달리기는 나는 새보다 빠르며, 장래에는 부처님을 만나면 부처님께서 나로 하여금 생사를 아주 벗어나게 할지이다.'

이와 같이 아난다야, 그때의 그 집사 비구는 바로 지금의 저 비구니라. 그는 그 세상에서 집을 떠나 계율을 지키고 절 일을 맡아 보면서 원을 세웠기 때문에, 그 뒤로는 세세생생에 얼굴이 단정하고 힘이 세고 빠른 것이 모두 그 원대로 되었다. 그리고 다시 나를 만나 생사를 건너게 되었느니라."

그때에 아난다와 여러 비구들과 왕과 신하와 백성들과 또 일체 대중들은 부처님께서 말씀하시는 인연과 업보를 듣고, 모두 감격하여 네 가지 진리를 생각하였습니다. 어떤 이는 수다원을 얻고, 어떤 이는 사다함, 아나함, 아라한을 얻으며, 벽지불의 근본을 삼는 이도 있었습니다. 위없이 바르고 참된 도(道)를 성취하겠다는 마음을 내는 이도 있었으며, 혹은 물러나지 않는 자리에 머무르는 이도 있어서, 모두 몸과 입을 단속하고 나쁜 마음을 이겨 선을 닦았습니다.

그들은 부처님의 말씀을 듣고서 기뻐하며 힘써 실
천하였습니다.

세상에서 가장 빠른 전차만큼 빨리
달아오르는 분노를 삭히는 사람이야말로
진정 백성과 나라를 다스릴만한 사람이다.
그렇지 않은 사람들은 백성과 나라를
다스릴 만한 자격이 없다.
그들은 단지 고삐만
건성으로 잡고 있는
사람에 불과하기 때문이다.
  - 불경

20. 명판관 아파라제목카 대왕

저는 이와 같이 들었습니다.

부처님께서 슈라바스티의 급고독원에 계시던 어느 때, 그 나라에는 빈두로타사라는 바라문이 있었고, 그 아내는 얼굴이 추악한데다 두 눈이 시퍼렇기까지 했습니다. 그에게는 시집간 딸만 일곱이 있었고 아들은 없었습니다. 집도 빈곤하였지만 그 딸들도 궁핍하였습니다.

그 아내는 성질이 포악하고 늘 남편을 업신여기고, 그리고 딸들은 번갈아 찾아와서 무엇인가 달라고 하지만, 그 요구대로 주지 못하면 눈을 흘기면서 훌쩍거렸습니다. 또 그 사위 일곱이 그 집에 몰려들 때에는, 대접할 것이 없어 늘 걱정이었습니다.

어느 때 밭에 곡식이 익었으나 일손이 부족하여 거둬들이지 못하다가 남의 소를 빌려 겨우 거둬들이고는 소를 잘 매 놓지 않아 어디론가 도망쳐버렸습니다. 그때 바라문은 혼자 앉아서 생각하였습니다.

'나는 전생에 무슨 죄를 지었기에 맵고 쓰라림이 한꺼번에 닥치는가? 안으로는 포악한 아내에게 몰리고, 일곱 딸들에게 들볶이며, 사위들이 모여 와도

대접할 것이 없는데, 또 남의 소까지 잃고 간 곳을 모르니…'

그 소를 찾아 두루 돌아다니다가 몸과 마음이 한꺼번에 피로해 근심하고 번민하였습니다. 그는 우연히 어느 숲속의 나무 밑에 이르러 모든 감관은 조용하고 아무 일이 없이 편안히 앉아 계시는 부처님을 뵈었습니다. 바라문은 지팡이로 턱을 고이고 한참 서서 바라보다가, 갑자기 이런 생각을 하였습니다.

'저 사문 고타마는 지금 가장 안락하다. 나쁜 아내의 욕설이나 다툼이 없고, 딸들의 들볶음이나 가난한 사위들의 시끄러움도 없으며, 또 밭에 곡식이 없으니 남의 소를 빌렸다 잃어버릴 걱정도 없다.'

부처님께서는 그 마음을 아시고 말씀하셨습니다.

"네 생각과 같다. 지금 **나는 고요하여 어떤 걱정도 없다.** 진실로 나쁜 아내의 저주나 나무람도 없고, 일곱 딸들에게 들볶일 일도 없으며, 또 일곱 사위들이 집에 몰려오는 일도 없고, 밭에 익은 곡식이 없으니 남의 소를 빌렸다가 잃어버릴 걱정도 없다."

부처님께서 이어 말씀하셨습니다.

"너는 집을 떠나고 싶으냐?"

그는 사뢰었습니다.

"지금 저에게는 집이란 무덤처럼 보이고, 여자들의 온갖 인연은 마치 원수 속에 사는 것과 같습니다. 부처님께서 가엾이 여겨 저에게 사문이 되기를 허락하시면 저의 소원에 꼭 맞겠습니다."

부처님께서 곧 말씀하셨습니다.

"잘 왔구나, 비구야."

그의 수염과 머리털이 저절로 떨어지고, 몸에 입은 옷은 가사로 변하였습니다. 부처님은 그를 위해 설법하시니, 그는 그 자리에서 온갖 번뇌가 아주 없어지고 곧 아라한이 되었습니다.

아난다는 이것을 보고 부처님을 찬탄하였습니다.

"굉장하십니다. 부처님의 방편 교화는 참으로 헤아리기 어렵습니다. 저 노비구는 전생에 어떤 복을 지었기에 온갖 근심을 떠나 이런 좋은 이익을 얻었습니까? 그것은 마치 깨끗한 천이 염료에 쉽게 물드는 것과 같습니다."

부처님께서 말씀하셨습니다.

"저 바라문은 오늘만 내 은혜를 입어 괴로움을 떠나 안락을 얻은 것이 아니고, 지나간 세상에서도 내 혜택을 입어 온갖 액난을 면하고 또 안락을 얻었느니라."

"알 수 없습니다. 부처님께서 지나간 세상에, 어떻게 그를 구제하여 고통에서 벗어나게 하셨습니까?"

"자세히 듣고 명심하라. 내가 너를 위해 자세히 분별하여 말하리라."

"예, 잘 듣겠습니다."

부처님께서 말씀하셨습니다.

"까마득한 옛날, 아승기 겁 이전에 큰 나라 왕이 있었는데, 이름이 단정(端正)이라 하였고, 그는 도 (道)로써 나라를 다스려 백성을 행복하게 하였다. 그때에 그 나라에 단니기라는 바라문이 있었다.

그는 집이 매우 가난하여 음식을 배불리 먹지 못하였다. 마침 익은 곡식이 조금 있었으나 거둬들일 수가 없어, 남의 소를 빌려가지고 가서 곡식을 거두었다. 곡식을 거두고는 소를 몰고 가서 주인에게 돌려 줄 때, 주인 집 문 앞에 몰아다 놓고는, 주인에게 알리지 않고 그대로 돌아왔다. 그 주인도 소를 보았으나 아직 일이 끝나지 않은 줄로 생각하고 몰아들이지 않았다. 그래서 두 집이 모두 챙기지 않았기 때문에 그만 소를 잃어버리고 말았다. 그 뒤에 소 주인이 가서 소를 돌려달라고 할 때에 그는 말했다.

'벌써 돌려드렸소.'

둘 사이에 실랑이가 벌어졌다. 그래서 소 주인은 단니기를 데리고 (아파라제목카) 왕에게 가서 소를 변상 받으려고 하였다. 단니기는 길을 가다가 왕의 말먹이는 사람을 만났다. 그는 단니기를 불러 말하였다.

'그 말을 붙들어 주시오.'

단니기는 돌을 주워 던졌는데 돌이 말 다리를 맞혀 그만 다리가 부러졌다. 그도 단니기를 붙들고 왕에게 함께 갔다. 얼마를 가다가 그들은 강물을 만났으나 건널 곳을 몰랐다. 마침 어떤 목수가 입에 끌을 물고 옷을 걷어 올리고 건너왔다.

단니기는 그에게 물었다.

'어디로 가야 건너겠는가?'

목수가 그 말을 듣고 곧 대답하려고 입을 버리자 끌이 물에 떨어졌다. 아무리 찾았으나 찾지 못하였다. 그도 단니기를 붙잡고 왕에게로 함께 갔다.

그때에 단니기는 여러 빚쟁이들에게 시달려 졸릴 뿐 아니라 배도 고프고 목도 말랐다. 길가 주막에서 술을 사서 평상에 앉아 마시다가, 이불 밑에 어린애가 누워 있는 줄 모르고 깔고 앉아, 아기가 질식하여 죽었다. 그 아기 어미는 그를 붙들고 놓지 않으면서 욕하였다.

'이 무도한 놈아, 억울하게도 우리 아이를 죽였구나.'

단니기를 붙들고 왕에게로 함께 갔다.

그는 어느 담 밑을 지나다가 가만히 생각하였다.

'나의 불행아! 온갖 재앙이 한꺼번에 닥치는구나. 만일 왕에게 가면 나를 죽일는지도 모른다. 차라리 지금 도망치면 혹 벗어나는 수도 있겠지.'

그는 이렇게 생각하고 담을 뛰어 넘었다. 그 담 밑에는 직공이 있었고, 그 위에 떨어져 직공이 죽었다. 직공 아들은 그를 붙잡고 여러 사람들과 함께 왕에게로 갔다.

얼마를 가다가 그는 어떤 나무 위에 앉아 있는 꿩
한 마리를 보았다. 꿩은 멀리서 그에게 물었다.
'단니기, 당신은 어디로 가십니까?'
그는 전후 사실을 꿩에게 모두 이야기하니, 꿩이
부탁하였다.
'당신이 대왕에게 가시거든 나를 위해 대왕께 아뢰
어 주십시오. 나는 다른 나무에 있으면 울음소리가
듣기 싫은데, 이 나무에 있으면 내 울음소리가 아
름다우니, 그것은 무슨 까닭인지 당신이 대왕을 뵈
옵거든 나를 위해 물어 주시오.'

다음에 그는 독사를 보았다. 독사는 물었다.
'단니기님, 지금 어디 가십니까?'
그는 곧 사실을 독사에게 모두 이야기하니, 독사는
부탁하였다.
'당신이 대왕에게 가시거든 나를 위해 여쭤주십시
오. 나는 아침에 일찍 처음으로 굴에서 나올 때에
는 몸이 부드럽고 연하여 아무 고통도 없는데, 저
물어서 굴에 들어갈 때에는 몸이 거칠고 뻣뻣하고
아프며, 구멍에 걸려 들어가기 어렵습니다. 이것은
무슨 연유인지 나를 위해 꼭 물어주십시오.'

그는 가다가 또 어떤 여자를 만났다, 여인은 물었
다.
'당신은 어디로 가십니까?'
그는 위의 사실을 모두 그 여자에게 말하니, 여자

는 부탁하였다.

'당신이 왕에게 가시거든 나를 위해 여쭤주십시오, 나는 시가에 가면 친정이 생각나고 친정에 있으면 시가가 생각나는데, 이것은 무슨 까닭인지 모르겠습니다.'

그때에 여러 빚쟁이들은 그를 둘러싸고 왕 앞에 이르렀다.

그때에 소 주인은 왕 앞에 나아가 아뢰었다.

'이 사람이 내 소를 빌려갔는데, 돌려 달라 해도 돌려주지 않습니다.'

왕은 그에게 물었다.

'너는 왜 소를 돌려주지 않는가?'

단니기는 말하였다.

'저는 참으로 빈곤합니다. 익은 곡식이 밭에 있을 때에 그는 은혜로운 생각으로 내게 소를 빌려 주었습니다. 저는 추수를 마치고 소를 몰고 가서 주인에게 돌려주었고 주인도 소를 보았습니다. 말로는 알리지 않았지만 소는 분명 그 문 앞에 두었습니다. 저는 빈손으로 돌아왔는데, 어떻게 그 소를 잃어버렸는지 모르겠습니다.'

왕은 그들에게 말하였다.

'너희들 둘 다 잘못이 있다. 단니기는 입으로 알리지 않았으니 그 혀를 끊어야겠고, 너는 소를 보고도 챙기지 않았으니 네 눈을 뽑아야 하겠다.'

소 주인은 왕에게 아뢰었다.

'차라리 제 소를 버리겠습니다. 저의 눈을 빼고 저 사람 혀를 끊는 것도 원치 않습니다.'

말먹이는 나와 말하였다.
'저 무도한 사람이 내 말 다리를 부러뜨렸습니다.'
왕은 다니기에게 물었다.
'너는 왜 저 왕가의 말을 때려 다리를 부러뜨렸는 가?'
그는 꿇어 앉아 아뢰었다.
'저 빚쟁이가 저를 데리고 길을 걸어오는데, 저 사람이 저를 불러 말을 잡아달라고 하였습니다. 그러나 말이 빨리 달아나므로 잡을 수가 없었습니다. 그래서 돌을 집어 던졌더니, 공교롭게도 다리가 부러졌습니다. 그것은 고의가 아니었습니다.'
왕은 말먹이에게 말하였다.
'너는 저 사람을 불렀으니 네 혀를 끊어야 하고, 저 사람은 다리를 부러뜨렸으니 손을 끊어야 하겠다.'
말먹이는 왕에게 아뢰었다.
'말은 제가 대신 마련하겠습니다. 형벌만은 내리지 마십시오'
그들은 서로 화해하였다.

다음에는 목수가 앞으로 나와 말하였다.
'단니기는 제 끌을 잃게 하였습니다.'
왕은 단니기에게 물었다.
'너는 또 왜 남의 끌을 잃게 하였는가?'

단니기는 끓어 앉아 아뢰었다.

'제가 강을 건널 곳을 물었을 때 저이가 얼른 대답하려다가 입에 문 끌을 물에 떨어뜨렸는데, 아무리 찾아도 찾지 못하였습니다. 실로 고의가 아니었습니다.'

왕은 목수에게 말하였다.

'그는 너에게 물었으니 그 혀를 끊어야 하겠고, 목수는 대개 물건을 가지는 법은 손을 써야 예가 되겠거늘 너는 입에 물었기 때문에 물에 떨어뜨렸으니, 이제 네 앞니 네 개를 뽑아야 하겠다.' 목수는 이 말을 듣고 왕에게 아뢰었다.

'차라리 끌을 포기하겠습니다. 형벌은 내리지 마십시오.'

그들은 서로 화해하였다.

다음에는 주모(酒母)가 왕에게 사정을 말하였다. 왕은 단니기에게 물었다.

'너는 왜 남의 아이를 죽였는가?'

단니기는 꿇어앉아 아뢰었다.

'빚쟁이들이 저를 핍박할 뿐 아니라. 또 배가 고프고 목이 말라, 주막에서 술을 조금 사서 평상에 앉아 먹었는데, 이불 밑에 어린애를 눕혀 둔 줄은 몰랐습니다. 술을 먹고 나니 어린애는 죽어 있었습니다. 고의가 아닙니다. 원컨대 왕은 살펴 용서해 주십시오.'

왕은 주모에게 말하였다.

'네 집에서는 술을 팔기 때문에 손님이 많을 것이다. 그런데 왜 손님들 앉는 자리에 아이를 눕히고 보이지 않게 이불을 덮었는가. 지금 너희들은 다 허물이 있다. 네 아이는 이미 죽었으니 저 단니기를 네 남편으로 삼아 아이를 낳게 한 뒤에 놓아 보내어라.'

그때에 주모는 머리를 조아리고 아뢰었다.

'제 아이는 이미 죽었으니 서로 화해하기를 허락해 주십시오. 저는 저 굶주리는 바라문을 남편으로 삼지 않겠습니다.'

그리하여 그들은 화해하게 되었다.

다음에는 직공 아들이 앞으로 나와 아뢰었다.

'이 사람은 미친 듯이 날뛰어 우리 아버지를 밟아 죽였습니다.'

왕은 단니기에게 물었다.

'너는 왜 억울하게 남의 아버지를 죽였는가?'

단니기는 대답하였다.

'빚쟁이들이 저를 핍박하여 매우 겁이 났습니다. 그래서 담을 뛰어 넘어 도망치다가 우연히 그 위에 떨어졌습니다. 실로 고의가 아니었습니다.'

왕이 그 사람에게 말하였다.

'둘이 다 잘못이다. 그대 아버지는 이미 돌아갔으니, 저 단니기를 그대 아버지로 삼아라.'

그 사람은 아뢰었다.

'아버지는 이미 돌아가셨습니다. 그러나 저는 결코

이 바라문을 아버지로 삼지는 않겠습니다. 서로 화
해하기를 허락해 주십시오.'
왕은 곧 그들의 화해를 허락하였다.

그때에 단니기는 제 일이 모두 끝나자 한량 없이
기뻐하며, 그대로 왕 앞에 꿇어 앉아 있었다.
그때에 어떤 두 젊은 여인이 한 아이를 데리고 왕
에게 와서, 제각기 제 아들이라 주장하였다. 왕은
현명하고 지혜로워 방편으로 그 두 여자에게 말하
였다.
'지금 아이는 하나인데 두 어머니가 서로 제 아이
라고 주장하니, 너희들 둘은 각기 한 팔씩 당겨라.
누구나 빼앗은 이가 바로 그 어머니다.'
그 아이의 어머니가 아닌 여자는 아들을 사랑하는
마음이 없으므로, 힘을 다해 마구 잡아당기면서 아
이가 다칠까를 두려워하지 않았다. 그러나 그 아이
를 낳은 어머니는 아이를 매우 사랑하기 때문에 끌
려가면서도 아이를 아껴 차마 잡아당기지 못하였다.
왕은 그 참과 거짓을 분별하고, 그 힘을 다해 잡아
당긴 여자에게 말하였다.
'이 아이는 실로 네 아들이 아니다. 억지로 남의 아
이를 욕심낸 것이다. 지금 내 앞에 사실대로 고백
하라.'
그는 곧 머리를 조아리고 왕에게 아뢰었다.
'진실로 거짓이었습니다. 남의 아이를 억지로 제 아
이라 하였습니다. 대왕님의 밝고 거룩하신 마음으로

저의 죄를 용서해 주십시오.'

왕은 아이를 그 어머니에게 돌려주고 각기 놓아 보
냈다.

또 어떤 두 사람이 흰 천을 가지고 와서, 서로 제
것이라 시끄럽게 다투었다. 왕은 또 지혜로써 위와
같이 판결하였다.

그때에 단니기는 왕에게 아뢰었다.

'그 빚쟁이들이 저를 데리고 올 때에 길가에서 독
사가 대왕님께 여쭈어 달라고 제게 간곡히 부탁하
였습니다. 독사가 아침에 굴에서 나올 때에는 몸이
부드러워 나오기가 편하고, 저녁에 구멍으로 들어갈
때에는 구멍에 걸려 고통스러운데, 무슨 까닭인지
알 수 없다고 하였습니다.'

'그것은 까닭이 있다. 굴에서 나올 때에는 아무 번
뇌가 없어 마음이 온화하고 부드럽기 때문에 몸이
매끄러웠다. 뱀이 밖에 나오면 새와 짐승 등이 그
몸을 건드려 잔뜩 성이 났기 때문에 몸이 곧 거칠
고 커진다. 그러므로 들어갈 때에는 굴에 걸려 들
어가기 어려운 것이다. 너는 가거든 독사에게 말하
라.

만일 네가 밖에 있을 때에도 마음을 단속하여 성내
지 않되, 처음 굴에서 나올 때와 같이 하면 그런
걱정은 없다고 하여라.'

그는 왕에게 아뢰었다.

'또 길에서 어떤 여자를 만났는데, 제게 대왕님께 여쭈어 달라고 부탁하였습니다. 즉 그녀가 시가에 있을 때면 친정이 생각나고, 친정에 있으면 시가가 생각나니, 무엇 때문에 그런지 그 까닭을 모르겠다고 하였습니다.'

'그대는 가서 말하라. 삿된 마음으로 친정 근처에 군서방을 두었기 때문, 시가에 있으면 그 군서방이 생각나고, 거기에서 지치면 도로 본서방이 생각나는 것이라고 하여라. 만일 마음을 단속하여 삿된 길을 버리고 바른 길로 나아가면 그런 걱정을 없을 것이라고 말하여라.'

그는 또 왕에게 아뢰었다.
'길가 나무 위에 있는 꿩 한 마리를 보았습니다. 그는 제게 대왕님께 여쭈어 달라고 부탁하였습니다. 다른 나무 위에서 울면 우는 소리가 아름답지 못하고, 이 나무에서 울면 우는 소리가 아름다운데, 어째서 그런지 그 까닭을 모르겠다고 하였습니다.'

'그것도 까닭이 있다. 그 나무 밑에는 금이 담긴 큰 가마가 있기 때문에 그 위에서 울면 소리가 아름답고, 다른 나무 밑에는 금이 없기 때문에 울어도 소리가 아름답지 못한 것이다.'

왕은 이어 단니기에게 말하였다.
'그대는 허물이 많았으나 나는 이미 다 용서하였다. 너는 집이 매우 곤궁하구나. 저 나무 밑의 한 가마

금은 내 소유로 해야 하겠지만, 나는 그것을 너에게 주겠다. 너는 가서 파서 가지거라.'
그는 왕의 분부를 받고 낱낱이 감사하였다. 그리고 그 금을 파가지고 팔아서 농사를 짓고, 모든 필요한 물품을 사니 모자람이 없었고, 갑자기 큰 부자가 되어 한평생 안락하게 지냈느니라.'

부처님께서 아난다에게 말씀하셨습니다.
"그때의 (아파라제목카) 대왕은 다른 사람이 아니라 바로 나였고, 바라문 단니기는 바로 지금의 저 늙은 비구니라. 나는 옛날에도 그의 온갖 재앙을 구제하고 보물을 주어 안락하게 해 주었고, 지금 부처가 되어서도 그의 고통을 덜어주고 다함이 없는 법 창고의 보물을 주었느니라."

아난다와 대중들은 부처님 말씀을 듣고 기뻐하며 힘써 실천 하였습니다.

21. 망어(妄語)한 과보

저는 이와 같이 들었습니다.

부처님께서 슈라바스티의 급고독원에 계시던 어느 때, 그 나라에 한 바라문이 있었는데, 이름이 사질(師質)이었습니다. 그는 집이 대단한 부자였으나 아들이 없었습니다. 그래서 여섯 이교도에게 가서 그 이유를 물으니, 그들은 대답하였습니다.

"너의 상에는 아들이 없다."

그러자 사질은 집에 돌아와, 때 묻은 옷을 입고, 근심에 잠겨 가만히 생각하였습니다.

'나는 자식이 없다. 만일 갑자기 아침에 목숨을 마치면 우리 집 재산은 모두 나라에 들어간다.'

이렇게 생각하자 번민은 더욱 더하였습니다.

그 바라문의 아내는 어떤 비구니와 친한 사이였습니다. 마침 그 비구니가 그 집에 왔다가 그 집 주인이 근심하고 번민하는 것을 보고, 그 아내에게 물었습니다.

"바깥주인은 왜 저처럼 근심하며 번민하고 계십니까?"

부인이 대답하였습니다.

"집에 자식이 없어 여섯 이교도에게 가서 물었더니 그들은 '아이가 없을 것'이라고 점쳤답니다. 그래서 근심하는 것입니다."

그러자 비구니는 말하였습니다.

"저 여섯 이교도들은 일체를 아는 지혜가 없습니다. 어떻게 사람의 업으로 진행되는 인연을 알 수 있겠습니까?

지금 부처님이 세상에 계셔서 모든 법을 밝게 아시고, 과거와 미래에 막힘이 없습니다. 거기 가서 여쭤보시면 반드시 다 아실 것입니다."

비구니가 떠난 뒤, 그 아내는 바라문에게 아까 들은 대로 다 이야기하였습니다. 남편은 그 말을 듣고 곧 걱정을 털고, 다시 새 옷으로 갈아입고는, 부처님께 나아가 머리를 조아려 예배하고 사뢰었습니다.

"저는 상에 아들이 있겠습니까?"

부처님께서 말씀하셨습니다.

"너는 복덕을 두루 갖춘 아들이 있으나 자라면 집을 떠나 출가하려 할 것이다."

바라문은 이 말을 듣고 한량 없이 기뻐하면서 말씀 드렸습니다.

"아이가 있기만 하다면 도(道)를 배우는 것이야 무엇이 해롭겠습니까."

곧 부처님과 스님들을 초청하여, 다음 날 집에서 공양을 올리려 하자, 부처님은 잠자코 승낙하셨습니다.

이튿날 때가 되어 부처님은 스님들과 함께 그 집으로 가셨고, 모두 자리에 앉으니, 바라문 부부는 정성을 다하여 음식을 올렸습니다. 대중이 공양하기를 마치자, 부처님과 스님들은 절로 돌아오셨습니다. 어느 늪을 지날 때, 그 가운데 아주 맑고 시원한 샘물이 있었습니다. 부처님은 비구들과 함께 거기서 쉬시는데, 비구들은 각각 바리를 씻고 있었습니다. 어떤 원숭이 한 마리가 아난다에게 와서 발우를 달라고 했으나, 아난다는 깨뜨릴까 염려하여 주기를 머뭇거리니, 부처님께서 그것을 보시고 말씀하셨습니다.
"염려 말고, 어서 주어라."

아난다가 분부를 받고 발우를 주자, 원숭이는 발우를 가지고 벌꿀이 달린 나무에 가서 벌꿀을 가득 담아다가 부처님께 올렸습니다. 부처님께서 말씀하셨습니다.
"그 가운데 있는 더러운 것은 골라 버려라."
원숭이는 곧 거기 섞인 죽은 벌들을 집어내어 버리고 아주 깨끗하게 만들어 부처님께 바쳤습니다.
부처님께서 다시 말씀하셨습니다.
"거기에 물을 타라."
원숭이는 말씀대로 물을 타고 잘 저어서 부처님께 올렸습니다. 부처님은 그것을 받아 대중들에게 나누어 주어, 모두 고루고루 마시게 하셨고, 원숭이는 기뻐 날뛰며 일어나 춤을 추다가, 큰 구덩이에 빠져 그만 죽고 말았습니다.

그 영혼이 사질(師質) 바라문 집에 태어났습니다. 그때에 사질 바라문의 아내는 태기가 있어, 열 달이 되자 아들을 낳았는데, 아기는 얼굴이 단정하기가 세상에 드물었고, 아기가 태어날 때에 온 집안의 그릇마다 저절로 꿀이 가득가득 담겨 있었습니다. 사질 부부는 기쁨을 이기지 못하고 여러 관상가들을 초청하여 그 길흉을 점치게 하니 그들은 점을 치고 말하였습니다.
"이 아기는 덕이 있고 매우 좋아 비할 데가 없습니다."
그래서 아기 이름을 밀승(密勝)이라 하였습니다. 처음 나던 날 꿀의 상서로움이 있었기 때문에 그렇게 이름을 지은 것입니다. 아이는 성장하여 집 떠나기를 간청하였습니다. 부모는 사랑하고 아껴 놓아주지 않자 아이는 다시 간절히 그 부모에게 아뢰었습니다.
"만일 기어코 제 원을 들어주지 않으면 저는 죽고 말겠습니다."
부모는 의논하였습니다.
"옛날 부처님께서 이미 집을 떠나리라고 예언하셨으니, 만일 굳이 만류하면 혹 죽을는지도 모르니 들어줍시다."

이렇게 결정하고 아이에게 말하였습니다.

"네 마음대로 하여라."

아이는 매우 기뻐하며 부처님께 나아가, 머리를 조아려 예배하고 제자가 되기를 간청하였습니다.

부처님께서 곧 말씀하셨다.

"잘 왔구나! 비구야."

그의 수염과 머리털은 저절로 떨어지고 법복이 입혀져, 이내 스님이 되었습니다. 부처님께서 그를 위해 네 가지 진리의 오묘한 법과 갖가지 이치를 자세히 설명하시니, 그는 마음이 열리고 번뇌가 다하여 아라한이 되었습니다.

그는 늘 여러 비구들과 함께 세간에 나가 유세(遊世)하다가 만일 목이 마르거나 배가 고플 때에는 그가 발우를 공중에 던지면 저절로 꿀이 가득 담겨 손으로 돌아 왔고, 여러 사람들이 같이 마시고 모두 배를 채웠습니다.

그때에 아난다는 부처님께 여쭈었습니다.

"세존이시여, 밀승 비구는 어떤 공덕을 쌓았기에 집을 떠난 지 오래지 않아 아라한이 되었으며, 또 필요한 것이 있으면 모두 마음대로 얻습니까?"

부처님께서 말씀하셨습니다.

"아난다야, 너는 옛날 사질의 공양을 받은 일을 기억하느냐?"

"기억합니다."

"아난다야, 거기서 공양하고 돌아오다가 늪에 이르렀을 때, 어떤 원숭이가 너에게 발우를 청하여 꿀을 담아다 나에게 주었고, 나는 그것을 받았다. 원숭이는 기뻐서 일어나 춤을 추다가, 구덩이에 떨어져 그만 죽었다. 나는 그것도 기억하느냐?"

"기억합니다."

"아난다야, 그 원숭이가 바로 지금의 저 밀승 비구이다. 그는 부처님을 보자 기뻐하며 꿀 공양을 올렸기 때문에 그 집에 태어나 얼굴이 단정하고, 집을 떠나 도(道)를 배워 빨리 아라한이 된 것이다."

아난다는 끓어 앉아 거듭 부처님께 사뢰었습니다.

"그는 어떤 인연으로 원숭이로 태어났습니까?"

부처님께서 말씀하셨습니다.

"아득한 옛날 가섭 부처님 때에 어떤 젊은 비구가 있었다. 그는 다른 스님이 개울물을 뛰어 건너는 것을 보고 말하였다.

'저 스님의 날쌤이 원숭이 같구나.'

그러자 스님은 이 말을 듣고 곧 물었다.

'너는 나를 아는가?'

'알지요. 당신은 가섭 부처님 제자인데, 왜 내가 모르겠습니까?'

그러자 그 스님은 다시 말하였다.

'너는 나를 이름만 스님이라고 생각하지 말라. 나는 스님의 모든 도(道)를 다 갖추었다.'

젊은 비구는 이 말을 듣고, 온 몸의 털이 곤두선

채로, 곧 땅에 엎드려 애걸하면서 참회하였다. 그렇게 참회함으로써 지옥에 떨어지지는 않았으나, 아라한을 원숭이에 비교하였기 때문에 오백생 동안 원숭이가 되었으며, 일찍 집을 떠나 계율을 지켰기 때문에 지금 나를 만나 맑은 교화에 목욕하고 온갖 고통에서 벗어났느니라."

부처님께서 이어 말씀하셨습니다.
"그때의 젊은 비구가 바로 지금의 저 밀승이니라."
아난다와 대중들은 부처님 말씀을 듣고, 슬픔과 기쁨이 한데 뒤섞여 모두 이렇게 말하였습니다.
"몸과 말과 뜻의 업은 단속하지 않으면 안 되겠구나. 비구도 입단속을 못하였기 때문에 그런 갚음을 받은 것이다."
부처님께서 아난다에게 말씀하셨습니다.
"네 말과 같다."

이어 네 무리들을 위하여 온갖 법문을 말씀하셔서 그들의 몸과 말과 뜻을 깨끗이 하셨습니다. 그들은 마음의 때가 없어지고, 각기 도(道)의 자취를 얻어 수다원과를 얻는 이도 있었으며, 위없는 바르고 참된 도를 성취하려는 뜻을 내는 이도 있고, 혹은 물러나지 않는 자리에 머무르는 이도 있었으며, 대중들은 부처님의 설법을 듣고 모두 기뻐하면서, 정성껏 힘써 실천하였습니다.

그대가 태양일 수 없다면
겸허한 혹성으로 남으라.
지혜를 얻으려거든 겸허 하라.
지혜를 얻은 후에는 더욱 겸허 하라.

- 티베트 불교 격언

22. 법문을 외운 앵무새

저는 이와 같이 들었습니다.

부처님께서 슈라바스티의 급고독원에 계시던 어느 때, 수닷타 장자는 불법을 공경하고 믿으며, 스님들의 시주가 되어, 일체 필요한 것을 모두 이바지하였습니다. 그래서 여러 비구들은 필요한 것이 있으면 날마다 왕래하면서 설법하여 가르쳤습니다.

수닷타 장자의 집에는 앵무새 두 마리가 있었습니다. 한 마리의 이름은 율제요, 또 한 마리의 이름은 사율제였습니다. 그들은 성품이 영리하고 지혜로워 사람 말을 잘 알아들었습니다. 여러 비구들이 그 집에 내왕하면 그때마다, 그들이 먼저 그 집 사람에게 알려주었습니다.

앵무새의 소리를 듣고 그 집 사람들은 자리를 털어 정돈하고 스님들을 기쁘게 맞이하였습니다.

그때에 아난다는 그 집에 가서 새들이 영리한 것을 보고, 마음으로 사랑하여 그들에게 말하였습니다.

"너희들에게 법을 가르쳐주랴."

새들은 기뻐하였습니다.

아난다는 네 가지 진리의 법을 가르쳐주고 '두카

삼제야 나루타 말가'라고 시로 외우게 하였는데, 그
것은 고(苦), 집(集), 멸(滅), 도(道)라는 뜻이었습니
다. 그 집 문 앞에 큰 나무가 있었는데, 새들은 법
을 듣고 기쁘게 외우면서 차례로 날아 나무를 오르
내렸습니다. 이렇게 그들이 배운 네 가지 진리의
묘한 법을 외우면서 일곱 번을 되풀이하다가 날이
저물어 나무에서 잘 때, 삵이 와서 잡아먹었습니다.
그러나 그 법을 외운 공덕으로 사왕천(四王天)에 태
어났습니다.

이튿날 때가 되어 존자 아난다는 가사를 입고 발우
를 가지고 성에 들어가 걸식을 하다가 새들이 삵에
게 잡아 먹혔다는 말을 듣고 가엾이 여겨, 부처님
께 돌아가 사뢰었습니다.
"수닷타 집에 앵무새 두 마리가 있기에 제가 어제
네 가지 진리를 가르쳐 주었는데 어젯밤 죽었다고
합니다.
알 수 없습니다. 새들은 지금 어디 가서 태어났습
니까? 원컨대 부처님께서 저를 가엾이 여겨 가르쳐
주십시오."

부처님께서 말씀하셨습니다.
"자세히 듣고 명심하라. 그것을 말하여 너를 기쁘게
하리라.
그들은 너로부터 법(法)을 듣고 기쁜 마음으로 외웠
기 때문에, 목숨을 마치고는 사왕천(四王天)에 났느

니라.

이 염부제의 오십년이 저 사왕천의 하루 낮밤인데, 거기도 삼십 일을 한 달로 삼고, 열두 달을 한 해로 삼으며, 그 사왕천과 그곳 사람의 수명은 오백 년이니라."

아난다는 여쭈었습니다.
"그들이 거기서 목숨을 마치면 어디 가서 나겠습니까?"
부처님께서 말씀하셨습니다.
"육욕천(六欲天)의 둘째인 도리천에 날 것이다. 사왕천의 백년이 도리천의 하루 낮밤인데, 거기서도 삼십 일을 한 달로 삼고, 열두 달을 한 해로 삼으며, 도리천 사람의 수명은 천 년이니라."

"거기서 또 목숨을 마치면 어디 가서 나겠습니까?"
"육욕천의 셋째인 저 야마천에 날 것이다. 도리천의 백년이 야마천(夜摩天) 하루 낮밤이며, 거기서도 삼십 일을 한 달로 삼고, 열두 달로 한 해로 삼으며, 저 야마천 사람의 수명은 이천 년이니라."

아난다는 다시 여쭈었습니다.
"거기서 또 목숨을 마치면 어디 가서 나겠습니까?"
"육욕천의 넷째인 도솔천(兜率天)에 날 것이다. 야마천의 일백 년이 도솔천의 하루 낮밤이며, 거기서도 삼십 일을 하루로 삼고, 열두 달을 한 해로 삼으며,

도솔천 사람의 수명은 사천 년이니라."

"거기서 또 목숨을 마치면 어디 가서 나겠습니까?"
"육욕천의 다섯째인 화락천(化樂天)에 날 것이다. 도솔천의 일백 년이 화락천의 일 주야며, 거기도 삼십 일을 한 달로 삼고, 열두 달을 한 해로 삼으며, 그 하늘 사람의 수명은 팔천 년이니라."

"거기서 목숨을 마치면 어디서 나겠습니까?"
"육욕천의 여섯째인 타화자재천(他化自在天)에 날 것이다. 화락천의 백년이 타화자재천의 일 주야며, 거기도 삼십 일을 한 달로 삼고, 열두 달을 일 년으로 삼으며, 그 하늘 사람들의 수명은 만육천이니라."

"거기서 또 목숨을 마치면 다시 어디 가서 나겠습니까?"
"도로 다섯째 하늘에 날 것이다. 이렇게 차례로 하여 사왕천에 내려 올 것인데, 일곱 번을 오르락내리락 할 것이다. 욕심세계 여섯 하늘에 나서는 마음대로 복을 받으면서, 하늘 수명을 다할 때까지는 중간에 일찍 죽는 일이 없으리라."

"그 여섯 하늘의 수명이 다하면 어디 가서 나겠습니까?"
"도로 이 염부제로 내려와 인간(人間)에 태어나서

는, 집을 떠나 도(道)를 배울 것이다.

전생(前生)에 앵무새로 있을 때, 네 가지 진리를 외웠기 때문에, 마음이 스스로 열려 벽지불이 될 것이니, 하나는 이름을 다마라 하고, 또 하나는 수담마라 할 것이다."

부처님은 이어 아난다에게 말씀하셨습니다.

"모든 부처님이나 성현이나 하늘 사람들이나 인간 세상의 사람들이 많거나 적거나 복(福)을 받는 것은 다 선(善)한 법에 선한 인(因)을 심었기 때문이요, 그 때문에 뒷날에 제각기 오묘한 결과를 얻는 것이다."

그때에 아난다와 여러 비구들은 부처님 말씀을 듣고 기뻐하였습니다.

저 (육도윤회를 벗어난) 극락세계에 태어나고자 하는 이는 마땅히
삼복을 닦아야 하느니라.
그 첫째는 부모님께 효도 봉양하고, 스승과 어른을 받들어 모시며,
자비로운 마음으로 살생을 하지 말고, 열 가지 선업을 닦아야 하며,
둘째는 삼보를 받아들이고 늘 기억하여, 온갖 계행을 구족하고
위의를 범하지 않아야 하며,
셋째는 보리심을 발하고, 깊이 인과를 믿으며, 대승경전을 독송하고,
권면하고 이끌어주어야 하나니, 이 같은 세 가지 일을 극락세계에
왕생하는 청정한 업이라 이름하느니라.
-관무량수경

23. 가사를 공경한 공덕

저는 이와 같이 들었습니다.

부처님께서는 왕사성의 영축산에 계시던 어느 때, 데바닷타는 부처님께 대하여 늘 나쁜 마음을 품고 부처님을 해치려 하였습니다. 그래서 스스로 부처라 일컫고 아자타샤트 왕자를 시켜 부왕을 죽이고 왕이 되라고 권하면서 새 부처와 새 왕이 나라를 다스리면 얼마나 좋겠느냐고 하였습니다.

왕자는 이 말을 듣고, 곧 아버지를 죽이고 스스로 왕이 되었습니다.

그러자 세상 사람들은 모두 부처님과 비구에게 원한을 품고 미워하여 비구들을 보려고 하지도 않았습니다.

그때에 여러 비구들은 성에 들어가 걸식하였습니다. 그러나 사람들은 모두 분개하며 더불어 말도 하지 않았기 때문에 빈 발우로 돌아 나왔습니다. 그들은 산으로 돌아가 부처님께 사뢰었습니다.

"데바닷타가 좋지 못한 일을 저질렀기 때문에, 백성들은 모두 미워하는 마음으로 저희들을 대합니다."

그때에 부처님께서 아난다에게 말씀하셨습니다.

"만일 어떤 중생으로서 미워하는 마음으로 물들인 옷(가사)을 입은 스님을 대하면, 그 사람은 과거, 현재, 미래의 모든 부처님과 벽지불과 아라한들을 미워하는 마음으로 대하는 것과 같다. 그는 미워하는 마음으로 삼세(三世)의 여러 성현들을 대하기 때문에 한량 없는 죄업의 과보를 받을 것이다.

왜냐하면 물들인 옷은 모두 삼세의 여러 성현들의 표식(標識)이기 때문이니라. 어떤 중생이 수염과 머리를 깎고 물들인 옷을 입으면, 그는 오래지 않아 일체 고통에서 해탈을 얻고, 번뇌 없는 지혜를 얻어 중생들의 큰 구호자가 될 것이다.

그러므로 만일 어떤 중생이 믿는 마음을 내어, 집을 떠나 물들인 옷을 입은 사람을 대하면 그는 한량 없는 복을 받을 것이다."

부처님은 이어 아난다에게 말씀하셨습니다.

"나도 옛날에 집을 떠나 물들인 옷을 입은 사람에 대하여 깊이 믿는 마음을 내어 공경하고 받들었기 때문에 부처를 이루게 되었느니라."

아난다는 여쭈었습니다.

"부처님께서 옛날에 깊이 믿는 마음으로 물들인 옷을 입은 사람을 공경하신 그 일은 어떠하셨는지 듣고 싶습니다."

"옛날 한량 없는 아승기 겁 이전에, 이 염부제에 제비라는 이름의 큰 나라 왕이 있었다. 그는 팔만사천의 여러 작은 나라 왕을 거느리고 있었다.

그 세상에는 부처의 법(法)은 없었고 어떤 벽지불이 숲속에서 좌선하며 도(道)를 닦고, 신통으로써 날아다니면서 중생들을 제도하였다. 그래서 들짐승들이 모두 와서 따랐다.

그때 견서(堅誓)라는 사자 한 마리가 있었는데, 몸은 금색이요, 빛나는 모양은 밝게 드러났다. 그는 과일이나 풀을 먹으면서 다른 동물들을 해치지 않았다.

어떤 사냥꾼이 머리를 깎고 가사를 입고, 가사 속에 활을 숨기고 숲속을 다니다가 그 사자를 보고 매우 기뻐하면서 생각 하였다.

'나는 지금 운이 좋아 이 사자를 만나게 되었다. 이것을 잡아 가죽을 벗겨 왕에게 바치면 가난을 면할 수 있을 것이다.'

마침 그때에 사자는 자고 있었다. 사냥꾼은 곧 독을 칠한 화살을 쏘았다. 사자는 놀라 일어나 달려들어 해치려 하다가 그가 가사(袈裟)를 입은 것을 보고 생각하였다.

'저런 사람은 오래지 않아 반드시 해탈(解脫)을 얻어 온갖 고액(苦厄)을 떠나게 될 것이다. 왜냐하면 저 물들인 옷은 과거, 현재, 미래의 삼계의 성현들의 표지이기 때문이다. 내가 만일 그를 해치면, 그것은 삼세의 여러 성현들을 해치는 것과 같은 것이다.'

이렇게 생각하자 해칠 마음은 곧 사라졌고, 독을 칠한 두 개의 화살은 그를 쓰러뜨렸으며, 그는 '아라라 바사사 사바하'라는 시를 외우고 죽었다.

그 시를 외울 때 천지는 크게 흔들리고 구름도 없는 하늘에서 비가 내리며, 여러 하늘 사람들은 슬퍼하면서 천안(天眼)으로 인간 세상을 내려다 보았다.

사냥꾼이 보살 사자를 죽인 것을 보고 허공에서 온갖 하늘 꽃을 내려 그 시체에 공양을 베풀었다.

그때에 사냥꾼은 사자 가죽을 벗겨 집으로 가지고 돌아가 국왕 제비에게 바치고 큰 상을 간청하였다. 그때에 국왕은 생각하였다.

'경서(經書)에 이르기를, 만일 짐승의 몸이 금빛이면 그는 반드시 큰 보살이라고 하였다. 그런데 내가 어떻게 상을 주겠는가. 만일 상을 준다면 이 사람과 함께 죽인 것이나 다름이 없을 것이다.'

그때에 사냥꾼은 워낙 빈궁하여 애걸하였다. 국왕은 가엾이 여겨 재물을 조금 주고 그에게 물었다.

'사자가 죽을 때 무슨 이상한 일은 없었는가?'

'입으로 아홉 글자를 외우니 천지가 두루 흔들렸고 구름도 없었는데 비가 내렸으며, 하늘은 온갖 꽃을 뿌렸습니다.'

왕은 이 말을 듣고 슬픔과 기쁨이 한데 얽혀 믿는 마음이 더욱 커졌다. 곧 신하들 중에 나이 많고 지혜 있는 이들을 불러 그 뜻을 풀이하게 하였다. 그러나 아무도 그것을 풀지 못하였다. 그때에 어떤 숲속에 한선인(仙人)이 있었는데 이름을 사마라 하였다.

사람들은 그가 총명하여 사물에 밝고 이치에 익숙하다고 왕에게 아뢰었다. 왕은 곧 그를 초청했다. 그는 대왕을 위하여 자세히 그 뜻을 해설하였다.

"'아라라'의 뜻은 '머리 깎고 물들인 옷을 입으면 나고 죽음에서 빨리 해탈하게 된다'는 말이요,

'바사사'는 '머리를 깎고 물들인 옷을 입으면 그것은 모두 성현의 모양이라 열반에 가깝다'는 말이며,

'사바하'는 '머리를 깎고 물들인 옷을 입으면 그는 모든 하늘 사람들과 세상 사람들의 공경과 우러름을 받는다'는 말입니다.'

선인(仙人)이 그 시를 해석하자 제비왕은 매우 기뻐하며, 곧 팔만사천의 작은 왕들을 불러 한 곳에 모았다. 그리고 일곱 가지 보배로 된 높은 수레를 만들고 사자 가죽을 거기 걸어 모든 중생에게 보이고 모두가 정성을 다하여 공경하고 받들며 향을 사르고 꽃을 올리게 하였다.

그리고는 다시 금을 부어 관을 만들고 사자 가죽을 담아 탑을 세웠다. 그때에 백성들은 그 공덕으로 말미암아 목숨을 마친 뒤에는 모두 천상에 나게 되었느니라."

부처님은 이어 아난다와 네 부류의 제자들에게 말씀하셨습니다.

"그때에 사자는 착한 마음을 내어 물들인 옷을 입은 이를 대하였기 때문에, 십만억 겁 동안 전륜성왕이 되어 백성들을 행복하게 다스렸고, 널리 복을 심어 부처를 이루게 되었느니라.

아난다야, 그때의 사자 자가라비는 바로 지금의 나였고, 왕 제비는 사자 가죽에 정성스레 공양하였기 때문에 십만억 겁 동안 천상, 인간에서 제일 존귀하게 되어 온갖 선(善)의 근본을 닦았으니, 바로 지금의 미륵보살이며, 선인은 바로 지금의 샤푸트라요, 사냥꾼은 바로 지금의 데바닷타였느니라."

그때에 네 부류의 제자들은 부처님께서 말씀하시는 과거의 인연을 듣고, 마음으로 기뻐하면서도 또 스스로 매우 슬퍼하고 탄식하면서 말하였습니다.

"저희들은 어리석어 성현을 알아보지 못하고, 나쁜 마음을 일으켰습니다. 원컨대 부처님께서는 저희들의 어리석음을 가엾이 여겨, 앞에 지은 죄의 참회를 받아 주십시오."

부처님은 넓은 사랑으로 그들을 위하여 미묘한 네 가지 진리의 법을 말씀하셨습니다.

그들은 전생의 인연을 따라 여러 가지 도(道)를 얻었습니다. 즉 어떤 이는 수다원과를 얻고, 사다함, 아나함이나 아라한까지 얻는 이도 있었으며, 위없는 바르고 참된 도에 뜻을 내는 이도 있었습니다. 그 때에 아난다와 네 무리들은 부처님 마씀을 듣고 기 뻐하며 힘써 실천하였습니다.

아난다여, 사람들은 부처를 참다운 벗으로 사귐으로써
늙어야 할 몸이면서 늙음에서 자유로워질 수가 있다.
병들어야 할 몸이면서 병에서 자유로워질 수가 있다.
또 죽을 수 밖에 없는 인간이면서 죽음에서 자유로워질 수 있다.
- 상응부경

24. 탑을 수리한 공덕

저는 이와 같이 들었습니다.

부처님께서 슈라바스티의 급고독원에 계시던 어느 때, 수닷타 장자에게는 막내딸이 있었는데, 이름이 소만이었습니다. 그녀는 얼굴이 단정하고 묘하여, 그 아버지는 다른 여러 아들보다 더 사랑하였습니다. 그래서 놀러 다닐 때에도 늘 그 딸을 데리고 다녔습니다.

어느 때 장자는 딸을 데리고 부처님께 왔습니다. 소만은 부처님을 뵙고 마음으로 기뻐하며, 좋은 향을 구해 부처님이 계시는 방에 바르려고 생각하였습니다. 그는 손에 빈바 열매를 가지고 있었는데 부처님은 그것을 달라고 하셨고 그가 곧 부처님께 드리니 부처님께서 거기에 '향종직(香種稷)'이라고 써서 그에게 도로 주셨습니다.

그는 아버지와 함께 성안으로 돌아와, 부처님께 필요한 갖가지 묘한 향을 샀습니다. 그리고 그것을 가지고 기타 숲 절에 가서 직접 부처님 방에 바르기를 날마다 계속하였습니다.

그때에 특차시리국 왕은 자기 아들을 슈라바스티로

보냈습니다.

그는 처음에는 다른 곳으로 가서 두루 다니면서 구경하다가, 차츰 급고독원으로 갔습니다. 그는 처녀 소만이 절 안에서 향을 가는 것을 보고, 그 아름다운 자태에 반하여 사랑하게 되어 아내로 삼고자 하였습니다. 그는 성 안으로 들어가 프라세나짓왕을 뵙고 아뢰었습니다.

"어떤 처녀가 저의 마음에 듭니다. 원컨대 대왕은 제 뜻을 헤아려 그녀를 제가 아내로 삼게 해주십시오."

왕은 물었습니다.

"그는 누구 집 딸이냐?"

"수닷타 장자의 딸입니다."

"그대가 직접 가서 청혼하라. 내가 알 바 아니다."

"왕께서 허락만 하신다면 제가 가서 청혼하겠습니다."

"나는 그대가 그녀와 혼인하는 것이 좋겠다."

그 왕자는 먼저 다른 수행원들과 코끼리와 말과 온갖 물건을 본국으로 돌려보내고, 오직 가장 빠른 코끼리 한 마리와 함께 남았습니다. 그리고 급고독원에 가서 소만 처녀를 붙들어 강제로 코끼리에 태우고 떠났습니다. 수닷타는 이 말을 듣고 사람을 보내 쫓아갔으나 코끼리의 걸음이 빨라 따라잡을 수가 없었습니다.

그는 본국으로 돌아가 곧 처녀를 아내로 삼았습니

다. 소만은 아기를 잉태하여 알 열 개를 낳았습니다. 그 알이 자연히 부화하니 거기에서 사내 아이가 한 명씩 나왔습니다. 얼굴은 곱고 아름다워 사람 중에서 뛰어났습니다. 그들은 남보다 뛰어나게 용맹스럽고 건장한 청년으로 성장하였습니다.

그런데 사냥하기를 좋아하여 동물들을 마구 죽였습니다. 그 어머니 소만은 가엾이 여겨 그러지 말라고 타일렀습니다. 그들은 어머니에게 아뢰었습니다.
"사냥하는 일은 가장 즐거운 일인데, 어머니께서 그것을 말리시니 장차 어머니로부터 미움을 받겠습니다."
어머니는 말하였습니다.
"나는 너희들을 사랑하기 때문에 말리는 것이다. 만일 너희들을 미워한다면 그런 말을 하지 않을 것이다. 왜냐하면 대개 생물을 죽이는 죄는 지옥에 들어가 온갖 고통을 받을 죄니라. 수만 년 동안 늘 사슴 머리, 양 머리, 토끼 머리 등 온갖 짐승의 머리가 되어, 옥졸 아방의 화살을 받으면서 한량 없는 세상에서 아무리 벗어나려 하여도 그 길이 없기 때문이다."

아들들은 어머니에게 아뢰었습니다.
"어머님의 그 말씀은 어머님 마음에서 나온 말씀입니까, 남에게서 들은 말씀입니까?"
"나는 옛날 부처님께 그런 말씀을 들었다."

"부처님이란 어떤 사람입니까? 자세히 말씀해주십시오."

"너희들은 듣지 못하였느냐? 그 분은 카필라국 정반왕의 아들로서 얼굴은 환히 빛나시며, 성왕이 되실 분인데, 늙음과 병듦과 죽음을 싫어하여 집을 떠나 道를 공부하시고 그 소원이 성취되어 위없는 도를 얻으셨다. 키는 열여섯 자요, 상호는 비할 데가 없으며, 세 가지 밝음과 여섯 가지 신통으로써 두루 알고 보지 못하는 것이 없으시다. 그래서 과거의 무궁한 일도 아시며, 새 세상의 일을 손바닥의 구슬처럼 보고 아시느니라."

그들은 이 말을 듣고 마음으로 기뻐하며 물었습니다.

"부처님께서 지금 어디 계시며 뵈올 수 있습니까?"

"지금 슈라바스티에 계신다."

"저희들은 부처님을 뵙고 싶습니다."

어머니는 곧 허락하였습니다.

그들은 한꺼번에 슈라바스티로 떠났습니다. 그 외조부 수닷타는 그들을 보고 매우 기뻐하고 더욱 사랑하여, 그들을 데리고 급고독원에 나아가 부처님을 뵙게 하였습니다.

그들은 부처님의 상호가 어머니에게 듣던 것보다 수만 배나 더 훌륭한 것을 보고 온 마음에 충만한 즐거움에 어쩔 줄을 몰랐습니다.

부처님께서 그 근기를 따라 묘한 법을 말씀하시니.

그들은 한꺼번에 법눈이 깨끗하게 되었습니다. 그들은 부처님께 아뢰어 사문이 되를 간청하였습니다. 부처님은 그들에게 물으셨습니다.

"너희 부모가 허락하였는가?"

"아직 여쭤보지 못하였습니다."

"부모가 허락하지 않으면 나의 출가 제자가 될 수 없느니라."

그때에 수닷타는 부처님께 아뢰었습니다.

"이 애들은 제 외손자로서 제가 마음대로 할 수 있는데, 제가 허락해도 되지 않겠습니까?"

부처님은 곧 허락하시고 道를 닦게 하셨습니다. 그러자 그들의 수염과 머리털은 저절로 떨어지고 몸에는 법 옷이 입혀져 곧 스님이 되었습니다. 그들은 부지런히 큰 업을 닦아 모두 아라한이 되었습니다. 그리하여 그 열 명의 비구들은 서로 공경하면서, 다닐 때에도 같이 다니고 있을 때에도 같이 머물렀습니다. 온 나라 사람들은 모두 그들을 높이 받들었습니다.

아난다가 부처님께 여쭈었습니다.

"저 열 명의 비구들은 어떤 복이 있기에 귀한 집에 태어나고 얼굴이 기특하며, 또 부처님을 만나 괴로움에서 벗어났습니까?"

부처님께서 말씀하셨습니다.

"까마득한 옛날 구십일 겁 전에 비파시인 부처님이

세상에 나와 두루 교화하시다가 열반에 드셨다.

그래서 사람들은 그 사리를 널리 퍼뜨려 한량 없는 탑을 세웠다. 그 뒤에 탑 하나가 오래되어 무너지자 어떤 노파가 그것을 수리하고 있었다. 그때 어떤 젊은이들 열 사람이 길을 가다가 우연히 그것을 보고 노파에게 물었다.

'거기서 무엇을 하십니까?'

'이것은 거룩한 탑이오. 수리하면 공덕이 아주 크오. 그러므로 이것을 수리하여 좋은 갚음을 얻고자 한다오.'

젊은이들은 매우 기뻐하고 힘을 합해 노파를 도왔다. 공사를 마치고는 모자(母子)간이 되기를 맹세하였다. 그리고 그 젊은이들은 한 곳에서 같이 나기를 원하였다. 그 뒤로 구십일 겁 동안 천상과 인간에서 그들은 늘 함께 태어나, 복과 즐거움을 받으면서, 세 가지 일에 있어서 언제나 남보다 훌륭하였다.

그 세 가지란, 첫째 몸이 단정한 것이오,

둘째는 남의 존경을 받는 것이오,

셋째는 수명이 긴 것이다.

그리하여 오랫동안 세 갈래 나쁜 길에 떨어지지 않았다. 그리고 지금은 내 세상을 만나 맑은 교화에 목욕하고, 온갖 티끌과 때가 다하여 모두 아라한이 되었느니라.

아난다야, 알고 싶으냐. 그때의 그 노파는 지금의 저 소만이요, 열 사람의 젊은이는 바로 지금의 저 아라한이니라.

부처님께서 이렇게 말씀하시자, 대중들은 수다원, 사다함, 아나함, 아라한까지 얻는 이도 있고, 대승에 뜻을 내어 물러나지 않는 자리를 얻는 이도 있었습니다. 그들은 모두 부처님 말씀을 듣고, 기뻐하며 힘써 실천하였습니다.

복혜쌍수福慧雙修 하라

27년 동안이나
사람을 업어 강을 건네준
공덕으로 두부장수에서
황제로 태어난
송나라 인종(仁宗)황제.

당나라 때 설봉선사는 어디를 가든 공양주를 맡아 공양을 지어 올렸고
암두선사는 원두 소임을 맡아 채소밭을 가꾸어 반찬을 해 올렸으며,
흠산선사는 바느질을 도맡아 대중을 위해 봉사하여 도를 이루었다.

25. 승가의 화합을 깨뜨린 업

저는 이와 같이 들었습니다.

부처님께서 왕사성의 영축산에 계시던 어느 때, 그 성 옆에 연못이 하나 있었습니다. 물은 더럽고 온갖 더러운 똥, 오줌을 버리는 곳이었습니다. 그래서 그 성안의 빈천한 사람들은 언제나 더러운 물건을 거기에 버렸습니다.

그 연못에 큰 물짐승 한 마리가 살고 있었습니다. 그는 연못에서 이리저리 달리면서 잠기기도 하고 떠오르기도 하였습니다.

여러 해 동안 그 안에 살면서 한량 없는 고통을 받았습니다.

그때에 부처님은 비구들에게 앞뒤로 둘러싸여 구덩이로 가셨습니다. 부처님께서 비구들에게 물었습니다.

"너희들은 혹시 이 짐승이 전생에 지은 업을 아느냐?"

비구들은 모두 생각해 보았으나, 그 짐승이 지은 업을 알 수가 없었습니다. 그래서 아뢰었습니다.

"알 수 없습니다."

부처님께서 말씀하셨습니다.

"너희들은 들어라. 너희들을 위하여 저것이 지은 업을 말하리라.

과거에 비파시인 부처님이 세상에 나오셔서 두루 교화하시다가 인연이 다해 열반하셨다.

그 부처님 법을 믿는 십만 비구들은 깨끗한 행을 닦고, 한가히 살면서 고요한 것을 좋아하여 어떤 산에 살았다. 그 산 좌우에는 좋은 숲이 있어 꽃과 열매가 무성하고 울창하기가 비할 데가 없었다. 그 나무들 사이에는 샘물이 흐르고 목욕할 만한 맑고 시원한 못이 있어 즐겁고 좋았다.

그 비구들은 머무는 곳을 사랑하여, 선(善)을 따르고 도(道)를 행하여 부지런히 닦아 게으르지 않았다. 그래서 모두 첫째 결과에서 넷째 결과까지 두루 갖추어 거기에 범부는 없었다.

그때에 오백 명 상인들이 보물을 캐러 바다로 들어가다가 이 산을 지나면서, 여러 비구들이 부지런히 공부하는 것을 보고 마음으로 공경하며 공양을 베풀고자 하였다. 그때에 모든 장사꾼들이 함께 스님들에게 가서, 날마다 여러 스님에게 공양을 올릴테니 공양을 받아 달라고 초청했지만 스님들은 끝까지 거절하였다.

그들은 다시 스님들에게 가서 인사하고 바다에 들어가면서 '저희들이 무사하게 돌아 와서 공양을 베풀겠사오니, 이것만은 허락하여 주십시오.'

스님들은 말없이 그들의 초청을 받기로 약속하였다.

그들이 바다에 들어가, 값진 보석을 많이 채굴하여 돌아와, 채굴한 보석 가운데 가장 좋은 것 한 개씩을 골라, 그것을 스님들 앞에 한 개씩 드리면서 말했다.
'보석을 모아 잘 관리하여, 보석이 다할 때까지 스님들이 마음대로 사용하도록 하는 것이 좋겠습니다.'
그들의 뜻을 안 스님들은 개인적으로 받았던 보석을 모두 마마제 스님께 맡겼다.

그 뒤에 비구들은 상인들이 베푼 공양이 다 없어지자 마마제에게 먼저 맡은 보석으로 음식을 마련해 달라고 하였다.
마마제는 스님들에게 말하였다.
'전날 그 상인들이 저에게 준 보물인데 스님들이 왜 달라고 하십니까?'
그때 상좌가 마마제에게 말하였다.
'시주들이 그 보석을 비구에게 주고, 너로 하여금 관리하게 한 것인데, 지금 비구들이 먹을 공양이 없으니 마땅히 그것을 써야 하지 않겠는가?'
그러자 마마제는 화를 내며 말하였다.
'스님들은 똥이나 드시오. 이 보석은 저의 것인데 무엇 때문에 달라고 하십니까?'
그때에 비구들은 마마제가 나쁜 생각을 일으킨 것

을 보고, 모두 떠났다.

마마제는 스님들에게 나쁜 말을 하고 재물에 욕심을 냈기 때문에 몸이 무너지고 목숨이 끝난 뒤에는 아비지옥에 떨어져 항상 끓는 똥물 속에서 뒹굴면서 살았다. 거기서 구십이 겁을 지내고 그 지옥에서 나왔지만 지금 다시 이 똥, 오줌 연못에 태어나 많은 세월을 지내면서도 벗어나지 못한 것이다. 여기서 목숨을 마치면 도로 지옥에 떨어져 수억만 년을 지낸 뒤에 목숨을 마치고는 다시 여기 날 것이다.

어떻게 그런 줄을 아는가? 과거에 쉬킨 부처님도 이 구덩이를 지나다가 여러 비구들을 위하여 저것의 내력을 말씀하셨고, 다음에는 비슈바부 부처님도 비구들을 데리고 여기 와서 저것의 내력을 말씀하셨다.
다음에 크라쿠찬다 부처님도 제자들에게 둘러싸여 이 구덩이에 오셔서 비구들에게 저것의 내력을 말씀하셨고, 다음에는 카나카무니 부처님도 제자들과 함께 이 구덩이에 오셨으며, 다음에는 카사파 부처님도 여기 와서 그 제자들을 위하여 저것의 인연을 말씀하셨다. 이렇게 차례로 일곱째 부처인 나 석가모니도, 지금 너희들에게 저것의 인연과 그 내력을 말하고 저 짐승을 보는 것이다.
이와 같이 여러 현겁 중의 미래 부처님도 모두 그

러하여 제자들을 데리고 이 구덩이에 와서 저 짐승을 가리키면서, 저것이 전생에 지은 인연을 설명할 것이다."

그때에 비구들은 부처님 마씀을 듣고 몹시 놀라 몸의 털이 일어섰다. 그리고 서로 다짐하였다.
"몸과 말과 뜻을 삼가고 단속하자."
그들은 부처님의 말씀을 믿고, 기뻐하며 실천하였습니다.

말을 할 때는
마땅히 과보를
두려워 해야 한다.
악惡이 가면 화禍가 와서
칼과 몽둥이(刀杖)가
몸으로 들어 온다.
말을 하게 되면 선하게 하여
좋은 소리가 울리는 듯이 하라.
- 법구경

26. 말로 지은 업

저는 이와 같이 들었습니다.

부처님께서 슈라바스티의 급고독원에 계시던 어느
때 존자 사리푸트라(사리불)는 밤낮으로 세 번씩 항
상 천안(天眼)으로 세상을 관찰하고, 제도할 만한
이가 있으면 곧 가서 제도하였습니다. 그때에 여러
상인들은 장사하러 다른 나라로 떠나면서 개 한 마
리를 데리고 갔습니다. 도중에 상인들이 잠이 깊이
들자 그 개는 상인들이 가지고 있던 고기를 훔쳐
먹었습니다. 그것을 안 상인들은 화를 내며 그 개
를 때려 다리 하나를 부러뜨린 채, 빈 들녘에 내버
리고 떠났습니다. 그때에 사리푸트라는 멀리서 천안
으로, 그 개가 땅에 스러져 굶주리고 괴로워하면서
거의 죽게 된 것을 보았습니다.

그는 가사를 입고 바리를 가지고 성에 들어가 걸식
하여 얻은 밥을 가지고 성을 나와 개에게 가서 인
자한 마음으로 가엾이 여겨 밥을 주었습니다. 개는
그 밥을 먹고 목숨이 살아나자 매우 기뻐하고 못내
감사하였습니다. 그때에 사리푸트라는 그 개를 위하
여 미묘한 법을 자세히 설명하였습니다. 개는 이내
목숨을 마치고 슈라바스티의 어느 바라문의 집에

태어났습니다.

어느 때 사리푸트라는 혼자 다니면서 걸식하였습니다. 바라문은 그를 보고 물었습니다.
"존자님은 혼자 다니시는데 사미가 없습니까?"
사리푸트라는 말하였습니다.
"내게는 사미가 없소. 들으니 그대에게 아들이 있다고 하는데 내게 줄 수 있겠소?"
"내게 아들이 있는데 이름을 군제라 합니다. 그러나 아직 나이가 어려 심부름을 시키지 못할 것입니다. 앞으로 좀 더 자라면 드리겠습니다."
사리푸트라는 그 말을 듣자 마음에 새겨 두고 급고독원에 돌아왔습니다.

아이의 나이 일곱 살이 되었을 때, 사리푸트라는 다시 바라문에게 가서 아들을 달라고 하였습니다. 바라문은 곧 그 아들을 사리푸트라에게 맡겨 스님을 만들게 하였습니다. 사리푸트라는 그 아이를 데리고 급고독원에 와서 열 가지 계를 주고, 여러 가지 오묘한 법을 차례로 자세히 설명하여 주었습니다. 그는 마음이 열려 법을 알더니 아라한이 되어, 여섯 가지 신통을 얻고 공덕을 모두 갖추었습니다.

그때에 군제 사미는 처음으로 도를 얻고, 지혜의 힘으로써 지나간 세상을 관찰하였습니다.
'나는 본래 어떤 업을 짓고 여기 와서 이 몸을 받

앗으며, 또 거룩한 스승님을 만나 도를 증득하였을
까?'
그는 자기 전생을 관찰하다가 알았습니다.
**'나는 전생에 한 마리 개로서 나의 스승님 은혜를
입고, 지금 사람 몸을 받아 도(道)까지 얻었구나.'**
그는 기쁜 마음이 솟아올라 가만히 생각하였습니다.
'나는 스승님 은혜를 입고 온갖 괴로움을 벗어나게
되었다.
이제 목숨을 마칠 때까지 스승님에게 필요한 것을
이바지 해드리고, 언제나 사미로 있으면서 대계(大
戒)는 받지 않으리라.'

그때에 아난다는 부처님께 사뢰었습니다.
"알 수 없습니다. 저 사미는 전생에 어떤 나쁜 업
을 지었기에 개의 몸을 받았으며, 또 어떤 착한 뿌
리를 심었기에 해탈을 얻었습니까?"

"먼 옛 카사파(가섭) 부처님 때에 여러 비구들이 한
곳에 모여 살았다. 어떤 젊은 비구는 음성이 청아
하여 범패(梵唄)를 잘 불렀으므로 사람들은 모두 즐
겨 들었다. 또 어떤 비구는 늙었을 뿐 아니라, 음성
이 탁하여 범패를 잘 부르지 못하면서도, 늘 스스
로 흥얼거리며 혼자 즐겼다. 그러나 그 늙은 비구
는 이미 아라한이 되어 사문의 공덕을 완전히 갖추
었다.
어느 때 음성이 아름다운 그 젊은 비구가 늙은 비

구의 둔탁한 음성(音聲)을 듣고는 제 좋은 음성을 믿고, 늙은 비구를 조롱하였다.

'지금 장로님 음성은 마치 개 짖는 소리 같습니다.' 이렇게 업신여기고 조롱했을 때, 늙은 비구는 그를 불러 물었다. '너는 나를 아는가?' 젊은 비구는 대답하였다.

'저는 당신을 잘 알지요. 당신은 카샤파 부처님의 제자 비구지요.'

'나는 이미 아라한의 도(道)를 얻었고, 사문의 위의와 법식을 모두 완전히 갖추었느니라.'

그때에 젊은 비구는 마음으로 놀라 몸의 털이 일어섰다. 황급히 스스로 꾸짖고, 곧 그 앞에서 참회하였다. 늙은 비구는 그 참회를 들어주었다. **젊은 비구는 그 나쁜 말 때문에, 오백 생 동안 개로 살았고, 또 집을 떠나 깨끗하게 계율을 지켰기 때문에 지금 나를 만나 해탈을 얻게 되었느니라."**

그때에 아난다는 부처님 말씀을 듣고, 기뻐하며 실천하였습니다.

시방세계의 건립은
모두 중생의 공업(共業)으로 이루어진 것이요,
유식(唯識)으로 나타난 것이어서
인연에 의하여 의탁하지 않은 것이 없다.
그러므로 비록 바깥 경계인 것 같으나
바로 일심으로 돌아가고 마는 것이다.
극락국토는 아미타불이
청정한 팔식(八識)으로 이룩한 정토로서,
만약 중생이 일심으로 염불하면
정념(正念)이 부처님의
정식(淨識) 중에 투입되는 것이다.

연관스님/보정거사 번역
46배판 | 250쪽 | 10,000원

《아미타불 48대원》
- 무량수경·아미타경과 정법개술(淨法槪述)

아미타불!
이 부처님 명호는
만덕萬德을 갖추고 있습니다.
내가 아미타불을 염하면,
나의 마음은 바로 이 한마디 아미타불입니다.
이 한마디에는 아미타부처님의 만덕이 들어있어
나의 마음을 성취합니다. 그래서
나의 마음은 아미타여래의 만덕을 불러와서
불가사의를 직접 깨칠 수 있습니다.
-정토삼부경과 염불감응록-
(아미타경·무량수경·관무량수경·정종심요·아미타불 염불감응록)

"염불할 때가 곧 견불見佛할 때이다"
생사 해탈 성불의 길·안락 평화 행복의 길

"염불 수행자의 목적은 정토에 태어나 성불하는 것입니다.
정토종의 깨달음(解門)은 정토삼부경에 의지하고
정토종의 실천(行門)은 곧 한마디 '나무아미타불'입니다"

무량수여래회 편역 | 국판 148*210 | 366쪽 | 13,000원

- 224 -

일생에 육도윤회를 벗어나 성불하는 지름길

어떤 중생이나 여러 생을 지내지 아니하고
일생에 염불한 공덕으로 육도윤회를 벗어나
극락세계에 왕생하여 아미타불의 설법을 듣고
필경에는 성불하는 법문이 연종蓮宗법문이다

《불멸不滅의 길 연종집요》
홍인표 지음 | 150 * 210 | 부분 컬러 | 254쪽 | 12,000원

성현과 범부가 함께 닦는 성불의 지름길!
"염불은 가장 쉬우면서도 모든 법문을 뛰어넘는다!"

이 염불법문은 문수보살과 보현보살 등 여러 대보살로부터
마명 · 용수 등 여러 대조사들과, 천태 · 영명 · 초석 · 연지대사 등
여러 대선지식들에 이르기까지, 모두 한결같은 마음으로 귀의하신 가르침이다.
그런데 내가 뭐라고 감히 귀의하지 않는단 말인가.
- 철오 선사

주세규 편저 | 128*188㎜ | 452쪽 | 14,500원

參禪卽是念佛 念佛卽是參禪
참선이 곧 염불이요 염불이 곧 참선이다

현 우 경(인연과보의 깨달음)

1판 1쇄 펴낸 날 2017년 7월 21일

편역 제안용하 스님
발행인 김재경 **편집 · 디자인** 김성우 **교정** 이유경 **제작** 대명인쇄

펴낸곳 도서출판 비움과소통
　　　　경기도 파주시 하우고개길 151-17 예일아트빌 103동 102호(야당동 191-10)
　　　　전화 031-945-8739 팩스 0505-115-2068
홈페이지 blog.daum.net/kudoyukjung **이메일** buddhapia5@daum.net
출판등록 2010년 6월 18일 제318-2010-000092호

© 제안용하, 2017
ISBN 979-11-6016-025-3 03220